自律的・協働的な学びを創る教師の役割

楜澤　　実
川前あゆみ 編著

Ｇ学事出版

はじめに

自律的・協働的な学びを創る教師の役割

棚澤　実

　現代は先行き不透明の不確実社会で、いつ、どこで、何が、どのように起こるのかわからないと言われる。大人でも判断に迷い、不安や恐怖を感じたりする状況が多々ある。ましてや子供ならばなおさらのことである。そのような社会的な状況の中では、子供は自分の考えのもとに判断し行動することも難しいと推察する。だからこそ子供の時から、子供の実態や発達段階に応じた自律的・協働的な学びの創造は、将来の生きる力の基礎を築く上で大変意義のある取組となる。

　見方を変えると、自律的・協働的な学びは、初等中等教育あるいは高等教育に至るまで、長期にわたる子供の学び方を転換し新しい学び方を創造していくことであるとも言える。子供を取り巻く日本の教育制度としては、成績や学歴格差を生じさせる選別の仕組を固定化し、一人一人の個性や可能性を伸ばすと言いながらも、旧態依然として根本解決に至らない状況に、子供たちは振り回されている。例えば、昨今の大学入試のあり様にも見て取れる。すなわち知識・理解のみではなく、思考力等を評価する記述方式試験の提案の中止や、英語に関わる民間試験結果活用の問題、入試試験問題の難易度による進路選択、目指す職業・生き方と関係なく偏差値・平均点・倍率の変動等から進路変更を余儀なくされる受験先など、過程を大事にしつつも結果（点数）が全てという状況に子供たちの進路は大きく左右されている。中学校及び高等学校段階等の節目を受験で選別された教育による子供の学びの弊害は、想像に難くない。

　自律的・協働的な学びは、知らず知らずに陥ってしまう他律的・孤立的な学びからの脱却を目指すものである。また受験テクニックや偏差値による暗記偏重の学び方からの脱却を図るものである。自律的・協働的な学びは、自律的・協働的な人間を目指し、生きる力を育む基盤を創る学びである。もちろん、教育は意図的・計画的に行われるものであるので、身に付けるべき基礎的な知識・技能をしっかりと教え考えさせ、できるように習得させる必要はある。自律的・協働的であることは基礎的知識・技能を否定するものでは

ない。

　また、自律的・協働的な学びは、学校教育だけで行われるものではなく、保護者や地域社会との連携・協力による教育活動を推進することで、更に学校教育の充実を図ることができる。

　このようなことから、現代の教師の資質・能力や役割には、1）不透明な中にあっても学び続け省察しながら成長していくこと、2）「主体的・対話的で深い学び」を可能にする指導力、3）学級集団を創る協働的学級経営力、4）保護者や地域社会と協働できる力、さらに5）多様な子供を含めた共生社会を推進できる指導力が求められる。これらは、従来の学習指導力や学級経営力に加えて、不確実な現代社会に対応していくための新たな教師の資質・能力や役割である。

　そこで、本書では、自律的・協働的な学びを創る教師の役割としてⅠ〜Ⅴの5つの観点を提起し、その上で観点ごとに15の章に絞って重要事項を掲げている。5つの観点は、【Ⅰ　学び続ける教師の省察と現代的教育課題に対応した資質・能力】【Ⅱ　「主体的・対話的で深い学び」を育む協働的な学び】【Ⅲ　学級集団づくりを育む教師の協働的学級経営力】【Ⅳ　保護者・地域との協働で育む地域学校運営】【Ⅴ　共生社会を目指す多様な協働活動とESD・SDGs推進力】である。

　この5つの観点をまとめると、子供たちの自律的・協働的な学びを創るためには、教師自らが省察しながら現代的な教育課題に対応していく資質・能力を身に付け、子供たちの「主体的・対話的で深い学び」を育む協働的な学びを推進していくことが重要である。そして、その基盤となる協働的な学級経営を可能にする力を磨くとともに、保護者や地域との協働による地域学校運営や共生社会の実現に向けた教育活動を実践していくことが求められる。

　このような教師の資質・能力や役割をⅠからⅤの観点ごとに捉えておきたい。

【Ⅰ　学び続ける教師の省察と現代的教育課題に対応した資質・能力】
　本来学校教育が目指すものは、子供が自分自身で自律的に思考・判断し行動できる資質・能力を育むことであり、教師がいつも手取り足取り教えることではない。未来の日本を担う子供たちに必要な資質・能力を育むためには、

自律的・協働的な学びを可能にする新たな教師の資質・能力が求められている。そのような資質・能力を身に付けるために、教師は省察力を高めながら理論と実践の往還を図り、絶えず研究と修養に努める必要がある。このような学び続ける教師が、自律的・協働的な学びを創ることができる。

　このような観点に基づき、Iでは、第1章「子供の自律的・協働的な学びと新たな教師の資質・能力」、第2章「『理論と実践の往還』を促進する教師の省察の意義と方法」、第3章「学び続ける教員像と多様な教員研修の在り方」、第4章「子供の省察力を育む教育的指導の在り方」を重要な教師の資質・能力及び役割として取り上げている。

【II　「主体的・対話的で深い学び」を育む協働的な学び】

　新たな自律的で探究的な学び方として「主体的・対話的で深い学び」の実現が重要になっている。これに向けた授業改善を図るために、「個別最適な学び」と「協働的な学び」とを一体的に充実する必要がある。この一体的な学びが子供の自律的で協働的な学びを育むことにつながる。そのためには学校のみならず家庭・地域が連携を強化し社会全体で子供を育むという開かれた学校教育観のもと、学校は「社会に開かれた教育課程」の共通理解を図る必要がある。「社会に開かれた教育課程」を創るためには、教科・単元の中だけで学びを閉じずに地域社会と結びついたカリキュラム・マネジメントをしっかりと行う必要がある。子供たちは他者と一緒に様々なものを結び付けながら横断的に捉えていくことにより、自律的・協働的な学びを創ることができる。

　このような観点に基づき、IIでは、第5章「『主体的・対話的で深い学び』と自律的な学び」、第6章「『社会に開かれた教育課程』と『カリキュラム・マネジメント』」、第7章「自律的な学習姿勢の育成と能動的な学習活動」を重要な教師の資質・能力及び役割として取り上げている。

【III　学級集団づくりを育む教師の協働的学級経営力】

　自律的で協働的な学びを実現するためには、人間関係づくりの基盤としての学級が協働的な集団である必要がある。そのためには意識的に協働的な学級経営活動を創ることが不可欠であり、教師は人間関係の協働性を創る学級経営指導力を身に付けることが大切である。特に、生き方を考える上で重要な子供一人一人の道徳性の発達を生かし、コミュニケーション力や社会関係

力を育んでいくことにより、自律的・協働的な学びを創ることができる。

　このような観点に基づき、Ⅲでは、第8章「協働的な学級集団づくりと協働的な学級経営指導力」、第9章「道徳性の発達を生かした学級経営指導力」、第10章「協働的なコミュニケーション力・社会関係力の育成と話し合い促進力」を重要な教師の資質・能力及び役割として取り上げている。

【Ⅳ　保護者・地域との協働で育む地域学校運営】

　Ⅱでも触れたが、家庭・地域との連携・協働により、特に、地域社会体験活動などの学校外での子供たちの多様な学びを創ることで、自律的・協働的な学びを創る基盤を形成できる。学校の中での学びに加えて、多様な社会体験等の経験を促すことで、子供たちの多様な能力を広げ、同時に子供相互に授業だけでは見られない良さを発見し、相互に尊敬しあったりできる。また、地域防災教育活動によって、地域での子供の安全を確保できる。さらに、教師は保護者・地域と連携できる資質・能力を高めることで、実は学級運営もスムーズに展開することができる。このような子供たちの地域生活全体を通じた多様な学びを進めていく地域学校運営が重要になる。

　このような観点に基づき、Ⅳでは、第11章「保護者・地域と連携した地域社会体験活動と子供の多面的な発達」、第12章「地域が支える防災教育活動と防災教材の作成」を重要な教師の資質・能力及び役割として取り上げている。

【Ⅴ　共生社会を目指す多様な協働活動とESD・SDGs推進力】

　これからの時代は、日本の子供たちも地球市民として、人種・文化・言語・環境を超えたグローバルな視点で、共に生きる共生的な環境づくりを進めていかなければならない。また、男女共同参画の社会を創る必要がある。さらに、嘘で固めた様々な人権侵害は容認することができない。共生的な環境を目指すためには、一方で都合のよい根拠に騙されることなく真の目的を理解する必要がある。その上で排除の論理ではなく、可能な協働活動を推進し、立場を超えた様々な課題解決のために試行錯誤の取組を繰り返すことで、共生社会を実現できる。そして、この共生社会を目指すことで、学校の中においても、集団内の相互の支え合いや認め合いが発展するため、集団の中での自律的・協働的な学びを創ることができる。

　このような観点に基づき、Ⅴでは、第13章「男女共同参画の指導と多様な

子供への対応力」、第14章「『グローバル』な視点で取り組む国際理解教育と
ESD・SDGs 教育の推進力」、第15章「人権教育の現代的課題と ESD・
SDGs を踏まえた指導力」を重要な教師の資質・能力及び役割として取り上
げている。

　以上５つの観点は、子供たちの自律的・協働的な学びを創る教師の重要な
役割となる。子供たちは不確実な社会を超えていくために、自律的に思考・
判断しながらも、協働的に支え合いながら課題を解決していかなければなら
ない。この自律と協働は教師も同じで、自律的に思考・判断しながら、協働
的に支え合うことによって、教師と教師集団の成長が可能となる。すなわち
教師は理論と実践の往還を図るために、省察を繰り返しながら教師集団の中
で学び続ける実践家とならなければならない。

　そのためには、実践内容・方法はもちろん必要であるが、実践の背景にあ
る教育理念や教育観をも大切にし、普遍的な教育理論と根拠を説明できる力
量の向上に努めなければならない。本書では、強固な理論と実践の往還づく
りの土台となる５つの観点を現代の教師の資質・能力及び役割として提起し
ている。この５つの観点を基にした実践の積み重ねにより、新しい時代に求
められる「自律的・協働的な学びを創る教師」となることができる。教師が
自律的・協働的な学びを創りながら、新しい時代の教育を創る担い手となる
ことを期待している。

I

学び続ける教師の省察と
現代的教育課題に対応した
資質・能力

第1章　子供の自律的・協働的な学びと新たな教師の資質・能力

玉井康之

要点と省察的実践のポイント

①近年の子供の特性としての、自律的・能動的に行動できずに指示待ちになることや、協働的に学び合う協働活動ができにくいことを踏まえて、自律性・協働性を高める機会を作ることが重要である。

②子供の日常的な関係では、スマホにより、人間関係や会話の在り方が変化している影響もあることを踏まえておく。

③教育職員免許法では、情報機器の操作に加えて、チーム学校運営、学校と地域の連携、カリキュラム・マネジメント等の新しい教員の資質・能力も提起されている。

④生活環境の変化の中で、子供の忍耐力・持続力・協働性も低下しており、これらの社会情動的スキルや非認知的能力を向上させていくことも重要な課題となっている。

⑤子供の意欲・主体性は、支え合いや協働活動などの相互承認・相互支援等によって、自尊感情・自己肯定感を高めながら、意欲・主体性も高まっていく。

⑥ストレス・ネガティブ思考に対しても協働活動の中で精神的回復力（レジリエンス）を発揮していく。

⑦子供の日常的な社会環境の変化の中で、忍耐力・持続力・協働性が低下する要因は多くあり、これらの社会的要因を学校・家庭・地域が連携して克服することも重要である。

⑧子供には自律して考えることを指導することが重要であるが、自律のためには子供自身が見通しを持てるアドバイスを提示していくことが必要である。

⑨「主体的・対話的で深い学び」を促進するためには、学習過程における学び方の転換と教師のファシリテーションが求められる。

⑩ ICT を活用した個別最適な学びを推進するために、「指導の個別化」と「学習の個別化」をはじめとした、個に応じた指導も必要になる。

⑪ ICT の新たな多機能を活用することで、ICT 活用による協働的な学びを創ることもできる。

⑫自律性と協働性は理念的には矛盾するものではなく、併行して追求していくべきもので、個と集団を統一して調和していくための指導の観点を踏まえておく必要がある。

⑬自律的・協働的な学びを創ることは、孤立的に学ぶことでもなく、単に集団に同調するだけでもない。多様な意見を統一する過程が重要になる。

⑭多様な意見を統一することは、異質性の排除ではなく、それぞれの経験・立場・背景を理解し、相互に尊重することである。

⑮異質協働を進めるためには、共生社会を目指す学校経営・学級経営の理念が重要になる。

1.　子供の自律性・協働性を育む教師の役割

（1）子供の自律性・能動性の低下と教師の役割

　近年の子供の特性として、しばしば指摘されていることは、一つは自律的・能動的に行動できず受動的で指示待ちになっていることである。最終的には子供の社会的自立が教育の目標となるが、その過程では子供自身が自律的・能動的に行動していくこと、すなわち、自分で思考・判断しその判断に基づいて自分で行動していかなければならない。また少々の失敗・困難に対しても忍耐強く持続していくことも求められる。すなわち自律的・能動的であるためには、予測困難な中でも目標に向かって試行錯誤しながら、思考力・判断力を駆使して自分を律しながら行動していく必要がある。

　子供が受動的で指示待ちになることは、日常的な生活環境の中で自ら探究したり、好奇心に沿って行動したりする経験が少なくなっていることにも起因している。すなわち子供の遊びも身体を動かしたり冒険的な活動をすることが少なくなり、知的好奇心や能動的な活動を発揮する機会が少なくなっていることも背景となっている。

　学校教育においても、子供たちは知識・技能を暗記するが、地域・社会の中でそれを生かす経験が少ないことも、自律性・能動性を向上できない要因となっている。知識・技能は、学校の中で問題を解くことや点数を上げることだけで終わるのではなく、常にその知識・技能をどのように生かすかを考えることが不可欠である。子供たちは何のために学ぶのかを考えながら、学んだことを自分の生き方や社会に生かすことが求められる。

　そのためにも学習指導要領では、新しい時代の資質・能力として「何ができるようになるか」を重視した。この観点から「社会に開かれた教育課程」を提起し、「社会や世界の状況を幅広く視野に入れ、より良い学校教育を通じてより良い社会を創るという目標」を持つことを重視した（注１）。そして「社会に開かれた教育課程」を推進するためにも、「地域の人的・物的資源を活用したり、放課後や土曜日等を活用した社会教育との連携を図ったりし、学校教育を学校内に閉じずに、その目指すところを社会と共有しながら実現させる」ことが求められている。このような学習目的・在り方を教師も意識しながら、学習活動を進めていく資質・能力が求められる。

（2）子供の協働性の低下と教師の役割

　近年の子供の特性として、もう一つ指摘されることは、協働的に学びあうことや協働活動ができにくくなっていることである。その要因は直接的な接触・会話の減少を含めた人間関係の在り方の変化である。内閣府のスマートフォンやインターネット利用環境調査では、小中高校生のスマートフォンの所有率は毎年上がっている。2021年度で小学生の45％、中学生の65％、高校生の98％がスマホを所有しているが、今後もその比率は高くなることが予想されている（注２）。これらのスマートフォンの急速な普及は、電子ゲームの普及に加えて、急速に人間関係や会話の在り方を変化させている。

　スマートフォンは、目的的に使用すれば便利なツールであるが、一方で子供たちが無意識にのめり込んでしまう「スマホ依存症」や「スマホ脳」も指摘されている（注３）。スマホに依存してしまう背景としては、興味あるものだけを苦労しないで与えられること、多様な娯楽機能に触れるので飽きないこと、SNSでは自分と同調できる意見・情報だけに浸れること、自由な書き込みを気軽にできるのでストレスを発散でき人間関係に不安感を持たず

に過ごせること等が、ハマりやすい背景と言われている。また友人との日常会話は、ほとんどメール・LINEで済ます子供が急激に増えているという調査もある。

　スマートフォンの利用は、集団的・協働的に活用するものではなく、あくまで個人的所有と利用を前提にしており、情報の内容も個人の興味に依拠した内容となってくる。したがってスマホの利用は、意識せずとも協働性を遠ざけて、孤立化した状態にならざるを得ない。むろん意識的・目的的に利用することができれば、情報交換や会話等を促進し、協働性を高める道具として活用できるが、個人の嗜好性を前提にした活用だけでは、個人主義的な傾向を助長する要因ともなっている。

　このような子供の日常生活の変化の中では孤立化した関係から協働的な関係を作るために、改めて協働的な学び合いや活動を増やしていくことが重要になる。学校教育においても子供が協働性を高められるように、意識的に協働的な学級活動や学習活動を増やしていく教師の役割が重要になる。

2．「教育職員免許法施行規則」と小中学校教師に求められる資質・能力

　教師の資質・能力は、その時代の「教育職員免許法施行規則」を見ると、ある程度最低限の資質・能力は明記されている。「教育職員免許法施行規則」の2022年度の小・中学校の規則を見ると、以下の第一欄から第六欄に区分されて求められる教師の資質・能力が明記されている。その中でもカッコ書きで示した内容は、現代の教師に求められる不可欠な資質として特に重視した内容である。ここでは、とりわけカッコ書きの内容を中心に捉えておく。

　第二欄は、教科の学習指導要領の内容を理解し、学習指導理論と具体的な授業場面を想定した授業設計を行う方法を身につけることを目標としている。教科の指導法の中でも「情報機器及び教材の活用を含む」ことが明記されており、ICTを活用した指導方法を新たに重視していることが分かる。

　第三欄は、教育の基礎的な理念等を捉えることを目標としている。その中のカッコ書きで示している内容は、「教職の意義及び教員の役割・職務内容（チーム学校運営への対応を含む）」「教育に関する社会的、制度的又は経営的事項（学校と地域との連携及び学校安全への対応を含む）」「教育課程の意義及び編成の方法（カリキュラム・マネジメントを含む）」の3つの内容で

「教育職員免許法施行規則」の免許科目区分欄と内容

第一欄	教科及び教職に関する科目	○各科目に含めることが必要な事項（下記）
第二欄	教科及び教科の指導法に関する科目	○教科に関する専門的事項 ○各教科の指導法 　（情報機器及び教材の活用を含む）
第三欄	教育の基礎的理解に関する科目	○教育の理念並びに教育に関する歴史及び思想 ○教職の意義及び教員の役割・職務内容 　（チーム学校運営への対応を含む） ○教育に関する社会的、制度的又は経営的事項 　（学校と地域との連携及び学校安全への対応を含む） ○幼児、児童及び生徒の心身の発達及び学習の過程 ○特別の支援を必要とする幼児、児童及び生徒に対する理解 ○教育課程の意義及び編成の方法 　（カリキュラム・マネジメントを含む）
第四欄	道徳、総合的な学習の時間等の指導法及び生徒指導、教育相談等に関する科目	○道徳の理論及び指導法 ○総合的な学習の時間の指導法 ○特別活動の指導法 ○教育の方法及び技術 　（情報機器及び教材の活用を含む） ○生徒指導の理論及び方法 ○教育相談の理論及び方法 　（カウンセリングに関する基礎的な知識を含む） ○進路指導及びキャリア教育の理論及び方法
第五欄	教育実践に関する科目	○教育実習 ○教職実践演習
第六欄	大学が独自に設定する科目	

ある。

　「教職の意義及び教員の役割・職務内容（チーム学校運営への対応を含む）」では、教職の社会的意義・職務内容を理解することを目的とするが、特に学校の役割が拡大・多様化する中では、教師一人で担うことはできず、チームで担うことの重要性を指摘している。校内の教職員が効果的に役割分担し協働すると共に、学校内外の専門家と連携して諸課題に協働的に対応していくことの重要性を指摘している。このようなチーム学校を創る教師の協

働性は、子供に見せる後ろ姿としても重要な資質・能力となる。子供の身近な社会は学級集団であり、学級経営を協働的に運営できる教師の資質・能力が求められている。

「教育に関する社会的、制度的又は経営的事項（学校と地域との連携及び学校安全への対応を含む）」では、子供たちの生活変化・環境変化などの社会的変化や公教育の機会均等・平等・公平・公正・共生・協働等の理念を捉える必要がある。この公教育の理念を実現するためには、身近な学級経営の中で、公教育の理念を実現できる協働的な集団活動と人間関係づくりも理解しておかなければならない。

また学校だけで教育活動が完結できるわけではないので、学校と地域が協働した教育活動の意義や地域学校運営の在り方も理解する必要がある。さらに発生可能性が高まっている地震をはじめとした危機管理への対応も教師の資質・能力として重視する必要がある。危機的状況への教師の適確な判断・指示が子供の安全を守っていく。

「教育課程の意義及び編成の方法（カリキュラム・マネジメントを含む）」では、学校教育課程の全体像・役割と学校教育実践に即した教育内容の配列・編成方法を理解する必要がある。特に「主体的・対話的で深い学び」が求められる現代においては、自律的な学びや協働的な学びの理念と方法を会得しておく必要がある。そのためには、主体的で能動的な学習活動を学校教育に取り入れていく教師の資質・能力も重要になる。

カリキュラム編成方法では、各教科の体系的な配列だけでなく、教科・領域・学年をまたいだ教科横断的なカリキュラムを把握し、学校教育課程全体を運営するカリキュラム・マネジメントの資質・能力が求められている。なぜなら知識・技能の暗記に留まらず、学びを人生や社会に生かそうとするためには、それらを総合的に結合させ応用的に活用することを推奨していくことが求められるからである。学校のカリキュラムは、地域探究学習・総合的な学習等の実践とも関連させながら、横断的・総合的にマネジメントしていく資質・能力が求められている。

第四欄は、教科を超えた道徳・総合・特別活動などの探究的で行動的な生き方や、生徒指導・教育相談などの心身の発達全体に関わる内容、及び人間関係形成能力・社会参画・自己実現等の社会の中でより良く生きる集団的な

関係能力を指導できる教師の資質・能力を求めている。その中での「教育相談の理論及び方法（カウンセリングに関する基礎的な知識を含む）」は、不登校や学級崩壊などの問題にも対応し、精神的に不安定な子供や多様化した子供に柔軟に対応できるインクルーシブな資質・能力を求めている。

　現代の子供たちは、価値観・個性・発達段階も多様化しているが、それらの多様な子供たちが協働的に学び合うためには、共生社会を目指す理念を明確にし、違いを超えて参画できる指導方法を持つ資質・能力が教師に求められている。また主体的・対話的で深い学びを実現するためには、情報機器・教材を適切に活用した指導技術を踏まえて協働的な学習活動を指導できる資質・能力が求められている。教育の指導方法としては、コミュニケーション話法・発問・板書・教材・教具・学習形態・情報機器活用・教室配置などの総合的な指導形態と方法をとらえながら教育活動を推進する資質・能力が求められる。これらの資質・能力は教師自身の生き方や人間関係形成能力を含めた幅広い人間性を求められている資質・能力である。

　これら第二欄から第五欄を見ると、多様な発達の子供に多様な方法で対応するためにも、教師個人の成長だけでなく、チーム学校を推進する協働性やカリキュラム・マネジメントを進めながら、チーム全体で子供の総合的な生きる力の基礎を養う資質・能力が重要になっていると言える。そのためにも学級内での協働性や地域との協働活動を含めて、多様な子供が相互に協働できる共生社会を創る役割が重要になる。そしてこれらを推進するためにも、社会関係力や協働性を育む教師の協働的な教育活動指導・コミュニケーション・学校運営を担う協働的な資質・能力が求められていると言える。

3．現代の子供を取り巻く社会環境・生活環境の急激な変化と生きる力の育成の課題
（1）急激な社会環境・生活環境の変化と子供の忍耐力・持続力・協働性の課題

　子供たちの遊び場は屋外から屋内に移り、集団的・活動的な遊びから個別的・静態的な遊びに移行していった。これにより子供の体力は、長期的に下がってきた。さらに感染症禍の影響もあって、2021年度の「全国体力・運動能力、運動習慣等調査（全国体力テスト）」において、持久走などの長時間運動する項目は、統計開始後、最低水準の体力となった。この体力低下は、身体活動の低下だけでなく、少々苦しい活動でも我慢したり続けたりする忍

耐力・持久力の低下にも影響している。学習活動でも学級活動でも、すべてが楽しい活動ばかりではないが、忍耐力・持続力があれば、少々嫌になっても自律的に自己コントロールしながら、投げ出したりせずに、主体的にやり続けることができる。

　また忍耐力・持続力の低下は人間関係にも影響してくる。人間関係で一方的に自分の思い通りになる人間関係はほとんど存在しない。様々な内容を妥協したり調整し続けることによって、人間関係も調和したり広げたりできる。そこでは一定の我慢も必要になってくる。したがって人間関係づくりには必ず忍耐力や持続力を必要とするもので、忍耐力・持続力が弱くなれば、人間関係も我慢したり持続させる気持ちも弱くなる。これらは OECD においても、社会情動的スキルおよび非認知能力として重視されてきている（注 4）。忍耐力・持続力・協働性などは、点数化しにくく見えにくいものであるが、あらゆる活動の基盤となる重要な資質・能力である。

　前述の通り現代の子供たちは、すでに幼少期からインターネット・スマートフォンが身近にあり、SNS を通じたネットコミュニティが生活の一部として不可欠の環境となっている。この他に直接的な人間関係があれば良いが、日常的な遊び・運動の減少や少子化の中で、地域で活動する子供会活動も減少し、協働的に活動する機会は減少してきた。一般的に直接的な人間関係があれば、友人等と協働できる楽しさや必要性も感じるが、逆に関係性が薄くなればなるほど人間関係の必要性はますます理解できなくなる。

　SNS を通じた交流は、顔が見えない匿名性が強いため、ある程度いつでも切れる希薄な関係を前提にしている。身近な異質な人との人間関係を考えるよりも、遠方の同質な人との交流を求めるために、一時の関係だけで協働性を求めないことが前提になる。ネットの中での交流は、自分に都合が悪ければ一方的にでも切りやすいので、このような価値観を前提にすると、人間関係はますます協働性を不要なものと考えてしまう。

　本来発達段階にある子供の意欲や主体性は、支え合いや協働活動などの相互承認・相互支援があって、徐々に自尊感情と自己肯定感を高め、将来に向けて徐々に自分の存在意義である自我同一性（アイデンティティ）を確立していく。その場合の協働は、対等な横の関係や他者信頼・他者貢献を基盤にしており、それによって勇気づけることができる（注 5）。またストレスや

子供の忍耐力・持続力・協働性が低下する社会的環境要因

子供の忍耐力・持続力・協働性が低下する社会的環境要因	子供に与える人間関係の特徴と変化
1）家庭内の兄弟遊びの減少	兄弟喧嘩や兄弟遊び等子供同士の最初の人間関係の減少
2）子供の貧困問題等による孤立化	家庭による子供支援の困難さと放置による孤立化
3）自然遊びの減少	自然環境・自然素材を生かした創作・工夫の減少
4）公園等での屋外遊びの減少	屋外での他者との直接的な出会いの減少
5）異年齢集団の減少	同級生とも異なる異年齢の人間関係づくりの減少
6）生活上の身体活動の減少	家事労働等の身体活動の減少
7）生活上の家事等の役割の減少	家事等の家庭内役割分担と責任付与の減少
8）孤立的な電子ゲーム時間の拡大	電子ゲーム時間の拡大による孤立化
9）スマートフォン時間の増加	スマホのネット社会中毒等の誘発
10）SNSコミュニケーションの増加	SNSコミュニケーションによる直接対話の減少
11）ネットコミュニティの同質性	同意見者のみとの交流と身近な人との交流の減少
12）ネット社会の攻撃性・排他性	匿名性による攻撃的・排他的な感情の高揚

ネガティブ思考の中でも、直接的な子供への励ましと同時に、褒め合い、支え合うなどの他者の感情を理解する活動や協働活動の中で、徐々に感情の調整や問題解決思考・未来志向を生み出し、精神的回復力（レジリエンス）を発揮していく（注6）。このような協働活動や支え合いが、自己理解・他者理解を媒介にして、最終的にはストレス耐性や適応性を高めていく。

　今後とも社会全体は、人工知能の進化と雇用職種の構造変化により、激動的に社会が変化し、予測困難な時代になっている。このような中では、受動的な学習だけでなく、自ら能動的に氾濫する情報を体系的に獲得し、複合的な思考力・判断力を発揮することが求められる。そして自ら自律的・主体的に問題解決のために行動していくことが求められる。また問題解決のためには、一人で解決することには限界があるため、他者と対話し協働で問題解決

を図っていく資質・能力が求められる。これらを教師も意識して指示待ちにさせるのではなく、自律的・協働的な発達を見守ることが重要になる。

　子供の忍耐力・持続力・協働性が低下する要因は、前表のように他にもたくさんある。これらは学校だけでできるものではないため、学校・家庭・地域が連携して、あらゆる子供の社会環境のマイナス要因を意識して克服していく活動を促していかなければならない。

（2）「生きる力」の基礎となる子供の自律と教師の役割

　学校教育では、教師が子供に指示・説明することが多いので、指示通りに動けることが良いことだと見え、そのような子供を「良い子」と判断することも少なくない。子供は分からないことがあれば、教師に聞けばすべて教えてもらうことができる。教師も子供に教えることが使命でもあるため、教師が積極的に教えようとする姿勢自体は良いことであるとも言えよう。

　一方子供が将来社会に出たときには手取り足取り教えてもらえることはなく、未知の不確実な課題に対しても試行錯誤的に自分自身で考え判断し行動しなければならない。すなわち大人になっていく過程で、思考力・判断力・表現力や行動力を含めた資質・能力が求められる。これらの資質・能力は「生きる力」の構成要素でもある。

　このように考えると、学校教育においても、子供が将来に向かって自分自身で考え判断し行動していくように導いていくことが求められる。すなわちまずは子供が試行錯誤しながらも、失敗を自分自身で捉え直せるように助言したり、自分で考えて解答を導き出す方向を導いていくことが重要である。子供に対してあまり指示が多くなると、子供は自分で考える習慣を低下させ、指示待ちになってしまう。指示待ちになれば、指示したことは動くが指示されていないことは自分で動こうとはしなくなる。子供に対しては、最終的には思考力・判断力・表現力や行動力を育てるために、自分で考えて見通しを持つことができるような長期的な指示内容を心がけていくことが求められる。

　一方子供の発達状況によって、あまり見通しを持つことができない場合には、具体的な方法と見通しを持てる予測をアドバイスとして提示しておくことも必要である。なぜなら、思考・判断ができない子供ほど行動することができず、逆に思考・判断を停止してしまう可能性が高いからである。すなわ

ち子供の状況理解を踏まえた上で、どの程度自律的に行動できるようにアドバイスするかが重要である。

　このように教育の最終的な目的は、子供が教師の指示通りに動くことが目的ではなく、将来を見越して社会的に自立していくことを支援することが目的である。この社会的自立のためには、子供に自信を持たせ、自分で担うべき役割を考えたり、そのための行動を起こすなどの自律的な学びや行動を自分で律していくことが求められる。子供への支援は、あくまで自律的に行動できるようにするための助走的な支援であると言える。

（3）「主体的・対話的で深い学び」と指導過程における学び方の転換

　子供たちの忍耐力・持久力・協働性も低下する中で、激動の社会に対応するために、2017年告示の「学習指導要領」では改めて「主体的・対話的で深い学び」を推進している。「学習指導要領」では、新しい時代に求められる力として「学びを人生や社会に生かそうとする学びに向かう力・人間性の涵養」「生きて働く知識・技能の習得」「未知の状況にも対応できる思考力・判断力・表現力等の育成」の3つが「生きる力」を構成する資質・能力になるとした。そしてこの資質・能力を生かして、「未来の創り手となる」ために「何ができるようになるか」を問いかけ、主体的な問題解決力と行動力を重視している。

　この資質・能力を育成するために「何を学ぶか」という観点と同時に、「どのように学ぶか」という観点が重要であり、「主体的・対話的で深い学び」（アクティブ・ラーニング）を推進する学習過程を改善する必要性を指摘した。「主体的な学び」では、学ぶことに興味・関心を持たせ、自分のキャリア形成と関連付けながら、見通しを持って自己の学習活動をふり返って次に繋げていくようにする学びが求められる。「対話的な学び」では、子供同士の協働性を基盤にして、地域住民・仲間・教職員と対話しながら自己の考えを広げていく学びが求められる。「深い学び」では、単に所与の知識を覚えるのではなく、習得・探究の過程において、知識・情報を相互に関連付けたり、課題を発見して解決策を創造する学びと、それを促進する教師のファシリテーションが求められる。

　この「主体的・対話的で深い学び」で念頭にあるのは授業指導における受

動的な学びから能動的な学びに変えていくことである。そのためには指導過程においても知識注入型ではなく、思考・判断・表現を伴いながら自ら答えを見出す習慣を作っていく必要がある。また一人で解決方法を導き出すだけでなく、仲間どうしで協働的に問題解決を進めていく協働性と、協働性を促す教師のファシリテーションが求められる。

　そしてこれらの主体的・対話的な学びを促す契機は、学校教育だけでできるものではないため、学校と社会が協働することが求められる。子供たちが未来社会を切り拓くための資質・能力を身につけるためには、「よりよい学校教育を通じてよりよい社会を創るという目標を共有し、社会と連携・協働」することが重要である。

　このような観点を踏まえるならば、教師は子供たちに、①学校の学びと社会を結びつけられる力、②知識と知識を結びつけて考えさせるように促す力、③子供が主体的に行動することを促す力、④仲間と対話したり協働できるように仕向ける力、⑤自分で思考し解決策を導き出させる力、などを子供に目指させることが、教師の資質・能力として求められていると言える。これらを常に子供に意識させ続けることが重要である。

4. ICT 普及の中での個別最適な学びと自律的・協働的な学び

（1）ICT の普及による学習指導の多様化と個別最適な学び

　2021年度からの GIGA スクール構想により、小中学生全員がタブレットを持ち ICT を活用した教育を推進することとなった。これらの ICT を活用した学びは、新たに進歩した ICT 技術を生かし教育効果を高めることを目的としている。ICT を活用することで、学習過程では、スタディログ・個別対応型アプリケーション・個別双方向指導・資料共有などができるようになり、学習指導方法の多様化を図れるようになった。ICT の操作技能に関しては、子供の方が操作方法を単純暗記する力があるため、道具としては子供の方が早く正しく使いこなしていく可能性を有している。その意味では ICT の活用方法の正しい指導によって、個々の子供にあった効果的な学習形態を採用できる幅が広がったと言える。今後とも ICT を活用した学びを効果的に進めていく授業の在り方や遠隔双方向システムを活用した学び合いを広げていくことは学校教育の重要な課題となる。

　一方 ICT は子供がいつでもどこでも個別に利用できる便利な道具であるために、ICT を活用した自律的な学びができる一方で、ICT の活用が"孤立的"な学びになる恐れもある。個別に ICT を利用できることは、他者との協力・支援を必要としないことでもなく、孤立的に利用することを推奨するものでもない。自己学習力を相対的に有する子供の場合は、孤立的な学びでもある程度学習の困難さを克服することもできるが、自己学習力を相対的に持ち得ていない子供の場合は、自分自身で継続的に問題解決できないため、学習到達度の二極化傾向を招くことも意識しておく必要がある。

　ICT の活用にはこのような自律的傾向に加えて、孤立的傾向があるため「令和の日本型学校教育」では、「個別最適な学び」に加えて、「協働的な学び」を改めて併行的に提起している（注 7）。学校教育では、友人と協力し助け合う協働的な学びを指導することは当然の理念であるが、この当然の理念を暗黙の了解知とするだけでなく、改めて ICT 利用の中で提起していかなければ、社会全体の環境としては孤立化や非協働化の傾向も生じてくる。すなわち自然発生的には協働性は高まらない社会環境が進行していることを前提にしておかなければならない。

　その上で「令和の日本型学校教育」では「個別最適な学び」を推進するために、「指導の個別化」と「学習の個別化」を提起している。「指導の個別化」では、「支援が必要な子供により重点的な指導を行うことなど効果的な指導を実現」することや、「特性や学習進度に応じ指導方法・教材等の柔軟な提供・設定を行う」ことを求めている。いわゆる"できない"子供ほど個別的な支援と時間が必要になる。「学習の個別化」では、基本的な知識・技能を基盤にしつつ「子供の興味・関心等に応じ、一人一人に応じた学習活動や学習課題に取り組む機会を提供する」ことを求めている。

　これまで個別指導は、生活指導・悩み相談や学習遅進児指導において行われることが多かったが、「令和の日本型学校教育」では、授業をはじめとした学習活動においても、「指導の個別化」「学習の個別化」を提起した。日本の学校教育では、古くから一斉学習指導方式が強く根づき、画一的でありながらも一斉指導が平等で最も優れた授業であるとみなされてきた。この「個別最適な学び」の提起は、教育の機会均等・平等・公正を図る上でも、学習指導方法の大きな転換の可能性を含んでいる。

（2）ICTを活用した協働的な学び合いと可能性

　ICTの技術は協働作業を進められるアプリケーションも開発されてきており、ICTを集団的・協働的に活用することで、協働的な学び合いを広げていくことができる。ICTを意識的に協働活動の道具として活用していけば、紙・付箋紙・ホワイトボードなどを活用した話し合い活動や、理論構築のための構造図化した体系化のための活動もICT上でできるので、便利な協働作業道具として活用することができる。ICTを活用した協働的な学び合いの道具と活用可能性としては、以下のようなものがある。

　第1に、デジタルポートフォリオ・学習教材・学習解答・デジタル教科書・参考説明文・動画等のあらゆる個人で書いた記述資料や収集資料を共有化できることである。授業で活用する資料をクラウドに保存すれば、いつでもどこでもそれを共有して閲覧・活用できる。これまでは個人で記入・収集したものは、個人的にしか活用できなかったが、電子フォルダー等に入れて全員が共有していくことを学び合いの理念とすることで、学び合いを効率的に促進できる。

　この共有化では、多くの資料を収集して提示できる人はそれだけグループに貢献できる人であり、それによって全体を牽引したり取りまとめたりするリーダーシップを発揮することができる。そのような全体を牽引する調整力は、社会においても協働性をリードできる力であり、生きる力の重要な資質・能力を育成できる。

　第2に、資料の共有化と関連して、電子黒板を活用すれば、個々人が書いた解答・意見も同時に全員を映し出すことができ、相互の観点・意見を共有化できる。これまでは個別に板書するか、発表し合うことでしか他の人の記入内容を見ることができなかったが、作成資料を共有し合うことで、思考過程を含めて学び合うことができる。これにより全員が参加できる授業形態を作ることができる。また瞬時に映し出すことで、発表時間を短縮することができ、その時間を思考活動・討論活動に回すことができる。

　第3に、同時書き込み機能を用いて、写真・動画・音声・資料等を入れ込みながら、プレゼンテーション資料等を協働で作成することができる。模造紙等に手書きする場合には、誰かが書き込みをすると、他の人が書き込みしにくいが、電子媒体の場合は、同時書き込みができる。そのために、明確な

役割分担がない場合でも、同じ分野を協働で同時に作業することができる。授業以外でも、壁新聞の作成やアンケート・レスポンス・チャット機能を活用した意見集約をする場合でも、同時書き込み機能を活用しながら、協働作業を進めることができる。

第4に、探究的な学習活動等では、全体の総活動を見越して、役割分担をしながら検索資料・現地調査・紙資料・映像資料の資料共有をはかり、効果的に探究活動資料を分担収集・共有できることである。また遠隔システムを活用すれば、遠方の人への聞き取り調査をそれぞれ役割分担しても、映像として共有することができる。

第5に、アプリケーションの図式化機能・体系化機能を活用しながら、集団思考・協働思考を進めることができる。KJ法・マトリックス・ツリー方式なども全体画面を見ながら、協働で体系化作業を行うことができる。

このように意識的にICTを活用した協働活動や資料共有化を進めながら、ICTが孤立した学びにならないように、学びの過程を協働化していくことが重要になる。

5．個別最適で協働的な学びを創る対話の促進と教師の役割
（1）「個別最適な学び」を推進するための「協働的な学び」

社会の中では個々の能力は役割分担と協業の中で発揮されることが多い。すなわち単独で完結している作業・職務は少なく、役割分担を融合させて全体を通して完結していく。このことは学習過程における問題解決のためのアイデア・観点・具体的方法を考える上でも同じである。個人で考えるだけでは、思考が広がらず、固定的に見てしまうことが少なくない。正解が明確にある場合においても、誤答がなぜ正解ではないのかを比較しながら考えることによって、より正解の理由と多面的な論理をとらえることができる。すなわち「できる」ようになる過程においても、一元的なプロセスを経るだけではなく、間違いを含めた多元的な見方・考え方を経て「できる」ようになる。

このような観点からすると、「個別最適な学び」はむしろ「協働的な学び」を通してより良く実現できるものと考えなければならない。探究的な学習活動や地域学習活動においても、仮説・調査・分析・まとめ・発表等において、常に役割分担と協働の中で、正負・矛盾を含めた多面的な観点と事実

が集約されて、より重要な内容を選択したり、因果・系列などの体系的な思考方法が身についていく。

「協働的な学び」では、単に同質性を強調し、一つの観点・方法で統一するものではない。個々の子供が単に集団の中で埋没することなく、一人一人が役割と思考を伴って、可能性を生かすことで異なる観点と方法が止揚され、異なる意見も発展的に統合されていく。対峙する意見も全面的に対峙しているものは少なく、限定的な部分と全体を区別することや、場合や条件によって区別する発想を持つことで、対峙した意見も時・場所・場合によって統合することができる。また別の観点を並列したりすることで、問題の多様な所在もプラス・マイナスの両側面を含めて考えることができる。このためには、個々の個性を尊重し異なる人の意見をもまずは相互に受け入れる姿勢を持つことを子供に指導することも不可欠となる。

（2）協働的な学びを創る対話の促進と教師の役割

　協働的な学びを創るためには、個々人が集団に埋没することなく、自律的に考え行動することを教師が推奨することが重要になる。しかしこの自律は、利己的・個人主義的になることや他者を否定することではなく、自律的に考えることと協働的に考えることは併行して進められるものである。そのために教師は自律性と協働性を常に併行して指導することを学習指導・学級指導の理念として伝えることが重要になる。

　この自律性と協働性は、時・場所・場合によって、個人と集団が矛盾するために、教師は常にその両面の是非を考えながら、対話しながら自律と協働の調和を心がけるように指導することが重要になる。自律性と協働性は理念的には矛盾しないが、具体的な人間関係の中では、内容と状況によって、集団熟慮になったり集団浅慮になったりする。そのため、状況によって自律と協働の是非を考え、使い分けながら建設的な協働性を発揮していくしかない。また実質的な協働性がない場合には、集団が集団無責任体制となったりする。このようなことが起こりうるため、教師は事前に子供たちに、時・場所・場合によって、自律性と協働性の調和を話し合いながら使いこなす必要があることを意識させることが重要になる。

　この自律性と協働性を併行して進めるためには、個と集団の関係の矛盾を

統一するために、次のような自律性と協働性の調和の観点を子供に考えさせるように指導することが求められる。

自律性と協働性の矛盾を調和するための指導の観点と方法

自律性と協働性の矛盾を調和するための考え方	どのようなことを子供に考えさせるかの指導の観点と方法
1）個人思考と複数思考の調和	一人思考と複数思考を区別した上で、両方の良さを取り入れる必要性を確認する。
2）自己主張する場合と表現方法	自己主張した方が良い場合には、自己主張できるようにし、その上で表現方法を工夫する。
3）自己開示の場合と方法	本音と建前の両方を自覚した上で、本音も自己開示しながら、統一的により良い妥協点を模索していく。
4）異論・反論の提案の共有	異論・反論を相互に尊重した上で、異論・反論の提案方法を工夫する。
5）異なる意見の受容	異なる他者意見も限定的な状況では受容できることを確認したり、代替案も提案できるようにする。
6）自尊感情と自己抑圧感情の両立	自尊感情と自己抑圧感情は矛盾する葛藤であるが、両方とも同時に起こりうるものとして認識しておく。
7）共有し合うことの必要性	共有し合う内容はどこまでかを確認しながら、共有点を積み上げていく。
8）妥協し合うことの必要性	相互に意見等が異なる場合も、相互に妥協し合うことが必要であることやその内容を確認していく。
9）相手への感情的先入観の自覚	相手への感情的先入観は無意識にあることを自覚し、内容に則した意見を交流し先入観も克服していく。

　このように様々な見方・個性の違いによる意見の相違は普通に存在しているが、それらを克服するためには、会話を繰り返しながら、妥協したり共有したりしながら意見を調和していくしかない。自律的・協働的な学びを創るためには、孤立的に学ぶことでもなく、単に集団に同調するだけでもなく、多様な意見を統一する過程が重要になる。異なるように見える自律性と協働性を統一的に進めるためには、個性・性格・見方の違いを相互に尊重し、同時に怒り・感情の対立を克服しながら対話を進めていくしかない。対話をすると意見の違いも見えるが、その違いを相互に学び合うことが協働性を創る重要な媒介になることも理解することが不可欠となる。

（3）異質協働を目指す共生社会と教師の役割

　すでに述べたように、学び合いの中には様々な異なる見方・考え方もあるが、それは社会の常であり、当然のこととして受けとめておく必要がある。異なる見方・考え方が当然あることを意識することで、意見の相違も気にならなくなる。その上で、異なる見方・考え方を排除するのではなく、相互に異なる見方・考え方を認める共生社会を創ろうとする姿勢が重要になる（注8）。異なる見方・考え方の背後にある要因は、置かれた社会環境・社会階層が異なっていたり、発達段階・経験が異なっていたり、個人によってできることとできないことがあることが背景にあったりする。すなわちそれぞれの意見の違いの背景には何らかの利用があるが、環境・立場などを含めた背景や理由を相互に理解しようとすることが、異質協働の共生社会にとって重要になる。

　かつては自然発生的に学んでいた地域社会の子供同士の直接的な人間関係や生活経験が、多様な認識と他者と協働する力を育んでいた。また発達段階が異なる地域の異年齢集団や地域共同活動の中での協働的な遊び・集団活動によって、能力が異なるもの同士の役割分担を行うとともに、相互に妥協したり調和したりする力を育んできた。しかし子供の直接的な人間関係の機会が減少している現段階では、社会関係力も自然に低下していく。このように経験が少ない子供が多くなっているからこそ、あえて異質協働を目指すことを学校・学級活動の理念として掲げ、意識的に学習活動や学級活動の協働活動を増やしていくことが求められる。

　そのためにも、異質協働と相互承認の意識を高めていくことが共生社会を創る教師の役割として重要になる。多様な子供が偶然一緒になる学級では、学級活動における協働的な理念や活動も高めていかなければならない。多様な子供の中での相互承認と協働性が高まれば、違いによる序列的・差別的な関係もなくなっていく。それにより個々の子供の自尊感情や自己肯定感も高まり、自律的な学びを発展させることもできる。この異質協働の共生社会を創るためには、改めて自律性と協働性を常に統合した学習指導や学級経営を進めていく教育理念を伝えていかなければならない。この相反するように見える自律性と協働性を一体的に指導することが、異質協働の共生社会を創るために教師に求められている資質・能力と言える。このような共生社会理念

を学校経営・学級経営理念に反映させていくことが重要になる。

【注記】

注1　文部科学省「学習指導要領」2017年。

注2　内閣府「令和3年度青少年インターネット利用環境実態調査結果」2022年。

注3　アンデシュ・ハンセン著、久山葉子訳『スマホ脳』新潮社、2020年。

注4　OECD編著、無藤隆・秋田喜代美監訳、ベネッセ総合教育研究所企画・制作、荒牧美佐子他訳『社会情動的スキル―学びに向かう力』明石書店、2018年。

注5　岸見一郎著『アドラー心理学入門』ベストセラーズ、1999年。

注6　足立啓美・鈴木水季著『子どもの逆境に負けない力「レジリエンス」を育てる本』法研、2022年。

注7　中央教育審議会答申「『令和の日本型学校教育』の構築を目指して―全ての子供たちの可能性を引き出す、個別最適な学びと、協働的な学びの実現」2021年。

注8　藤田英典著『教育改革―共生時代の学校づくり』岩波書店、1997年。

第2章 「理論と実践の往還」を促進する教師の省察の意義と方法

玉井康之

要点と省察的実践のポイント

①最初からできる教師は誰もいないために、未熟さを伴いながらも、少しずつ成長していることに確信を持ち、学び続けていくことが重要である。

②不確実性社会の中では、子供も学び続ける必要があるが、教師も学び続けてその後ろ姿を見せていく必要がある。

③"反省"と"省察"は、教育用語としては区別しておくことが重要である。"反省"は一般的に悪い点・失敗や期待外れの結果に対して使われることが多い。"省察"は現状よりもさらに発展させる場合にも使われる。

④個人的に失敗したと感じた時だけ反省するだけであれば、客観的に成長し続けることはできなくなる。

⑤"省察"は、個人的感情による反省や振り返りを超えて、実践過程に即してより高次な内容を連続して吸収・発展させていくスパイラル的な成長過程である。

⑥対人援助職である教師等の専門性は、特定の専門的知識を当てはめるだけでなく、状況と文脈の中で総合的な判断をしながら専門的知識を活用していく専門性である。

⑦省察は、単に失敗への反省に留まるものではなく、事実を対象化・客体化し、理論的根拠や普遍的実践方法を踏まえて、より高次の実践に高めていく認識のプロセスである。

⑧教師教育の「リアリスティックアプローチ」では、教育実習生が初任期の教育活動で出くわす問題に向き合えるように、最初に実践的な経験をしておくことが重要である。

⑨教育実践力向上のためには、実践機会を拡充すると共に、省察・熟考

　の機会を拡充することが教師教育カリキュラムとして求められる。

⑩客観的な省察を発展させるためには、理論や普遍的実践方法の標準的
　な基準を持ち合わせ、その基準と照らし合わせながら省察することが
　重要である。

⑪普遍的実践方法を基準化していくためには、多くの実践方法を集積し
　て相対化・普遍化していくことが重要である。

⑫教師は普遍的実践方法に照らして個々の臨床的経験を省察し概念的に
　捉えることによって、複雑な実践にもある程度予測的に対応できるよ
　うになる。

⑬協働的な省察を媒介することによって、より複雑な事象に対して、多
　面的・総合的な対応を創造することができ、臨床的で柔軟な対処方法
　を選択できる。

1. 反省と省察（リフレクション）の語義における相関と区別

　不確実性社会の中で、未知の課題を拓く子供の創造的な資質・能力を育て
るためには、教師自身も社会や子供の状況に常に柔軟に対応できる資質・能
力が不可欠である。この資質・能力は固定的な知識・技能ではないために、
常に新しい知識・技能を取り入れながら、新しい課題に対応していかなけれ
ばならない。すなわち、子供も学び続けていくことになるが、教師自身も学
び続けながら、その学び続ける姿勢を子供たちに後ろ姿で見せていくことが
重要である。最初から何ごともできる教師はいないので、未熟さや失敗を伴
いながら、長い年月をかけて少しずつ成長していくものである。そのため、
前よりも少しでも向上していることに自信と可能性を確信して学び続けてい
くことが重要である。

　このように学び続ける教師の資質・能力を考えると、これからの教師は常
に自己の実践を振り返り省察していく資質・能力が不可欠となる。この場合
に日常的に使われる"反省"の用語と教育的な意味合いで使われる"省察"
（リフレクション）の用語を区別しておく必要がある。"省察"（せいさつ）
の用語は元々欧米で実践されていた"リフレクション"の翻訳であり、ここ
では"省察"と"リフレクション"は同義として扱っている。

　「反省」は一般的に悪い点・間違いや思わぬ結果に対して使われる場合が多い。『明鏡国語辞典』（大修館書店）では、反省は、①「自らを省みて、悪い点がなかったかどうかを考えること」、②「自らを省みて、自分が悪いことをしたとはっきり認めること」と解説している。また『広辞苑』（岩波書店）では、①「自分の行いを省みること」、②「自分の過去の行為について考察し、批判的な評価を加えること」と解説している。『大辞泉』（小学館）でもほぼ同様に、反省は、①「自分のしてきた言動をかえりみて、その可否を改めて考えること」、②「自分のよくなかった点を認めて、改めようと考えること」としている。

　これらの反省の語意は、いずれも悪い点や失敗を前提にして、その改善を図ることを目的としている。人は誰もが何らかの意図や期待を持って行動しており、行動の結果が思った通りに到達しなかった場合において、必ず大なり小なり反省を伴うものである。その意味では反省自体は誰もが日常的に行っているものである。

　一方反省した上で目指すべき到達点や基準が普遍的・標準的な内容でなかったり、方向性がずれている場合には、そもそもその反省自体が必ずしも正しい方向性に導かれるわけではない。また到達目標が低すぎたり向上を望まない場合には、達成すれば反省することもなくなり、より高度な次元の到達度を求める必要性はなくなる。この意味では個人的に失敗したと感じた時だけ反省するのであれば、客観的に成長し続けることはできなくなる。

　他方で"省察"（せいさつ）は、『広辞苑』（岩波書店）では、「自分自身を省みて考えめぐらすこと」とし、『新漢語林』（大修館書店）では①「注意してよく考える」、②「反省してよく考える」としている。これらの省察の語意は、反省を含むものであるがさらに広い語義を含んでいる。

　このように省察は、語義自体にも反省よりもより広い内容を含んでいるが、さらに教育実践の中での省察（リフレクション）は、個人的感情による反省や振り返りを超えて、実践過程に即してより高次な内容を連続して吸収・発展させていくスパイラル的な成長過程としてとらえておく必要がある。

2. 専門家の「反省的実践家論」とリフレクション論

　2001年に佐藤学・秋田喜代美が翻訳した、ドナルド・ショーン著『専門家

の知恵―反省的実践家は行為しながら考える』（注１）が上梓され、
Reflective Practitioner「反省的実践家」の新しい概念が日本に紹介された。
当時の同書名では「反省的」の用語が用いられているが、実際の内容では反
省よりも高度な実践を展開する「省察」の意味で用いられている。様々な専
門家の中でも対人援助職である看護師・教師・福祉士等は、ケアする者とケ
アされる者との相互作用の中で展開し、対人関係の中で、複合的で不確実な
専門的内容に対処する専門職である。ドナルド・ショーンは、これらの専門
職は、「マイナーな専門職」であるが、「マイナーな専門職は、変わりやすい
曖昧な目的に悩まされ、実践では不安定な制度的文脈に煩わされている」
（注２）とした。そしてこれらの専門家の知恵は、「技術的合理性に基づく技
術的熟達者」から「行為の中の省察に基づく反省的実践家」としての知恵を
発揮する存在として位置づけている。

　このドナルド・ショーンの「反省的実践家」の特性や専門性を佐藤学氏は、
「所与の科学的技術の適用でもなければ、スペシャリストとしての役割の限
定でもない」専門性を持ち、高度な実践プロセスを有する専門家として捉え
ている（注３）。すなわち「『反省的実践家』は、クライアントが抱える複雑
で複合的な問題に『状況との対話』に基づく『行為の中の省察』として特徴
付けられる特有の実践的認識論によって対処」する新しい専門家像であると
した（注４）。この専門性は、特定の専門的知識を持って当てはめるだけで
なく、「状況との対話」、すなわち対人関係の中で、状況に応じて柔軟で総合
的な判断をしながら専門的知識を活用していくという専門性である。

　また「『行為の中の省察』は、決して『状況との対話』として遂行される
活動中の思考に限定されるものではない。それは実践の事後に出来事の意味
をふり返る『行為の後の省察』を含むだけでなく、実践の事実を対象化して
検討する『行為についての省察』を含んでいる」としている（注５）。すな
わち省察は行為中に加えて行為後も、実践の事実に様々な分析を加えて因
果・特性・条件等を客観的に捉えることで、より高次の専門的な実践に高め
ていく取組である。そのためには、理論的根拠や普遍的実践方法の学習が不
可欠である。

　この省察は、実践の事実を対象化・客体化して理論的根拠や普遍的実践方
法を踏まえた分析を行うものである。事実を対象化することは、事実を客観

的に捉えることを意味しており、単に失敗したことへの反省に留まるものではないことを意味している。この「反省的実践家」としての専門家の意味は、知識を実践に適応するプロセス自体が高度な専門性を持つものとしている。

このようにドナルド・ショーンは、専門家の特性を区別し、医者・弁護士のような科学的知識を前提とした専門家は、相対的に「技術的伝達者」として位置づけられるが、看護師・教師・福祉士等の専門家については、医師・弁護士等に比べると不確実性が高く、それらの専門家を「反省的実践家」としている。

3. コルトハーヘンのリアリスティックアプローチとリフレクション論

Reflective Practitioner「反省的実践家」の理論を受けて、さらに教師教育研究として発展させた理論として、「リアリスティックアプローチ」がある。教師教育研究の世界的権威であるコルトハーヘン氏は、大学で学んだことが学校現場では、教室の中の現実の複雑さの中で活かされていないというショックを受けた。それを克服するために、「教師教育プログラムにおいて教育実習生が初任期の教育活動で出くわすような問題に向かい合っておけるようにすることで現実に対するショックを減らす」（注6）ことが必要であるとし、それを教師教育の目標とした。これが「リアリスティックな教師教育」の考え方である。

コルトハーヘンの「リアリスティックな教師教育」では、「学びの出発点としての経験」を最初に位置づけ、早期に学校現場に入る必要性を提起した。「実践を経験することから始めることは、教師教育において理論的な概念を教師の行為の中に還元」するとした（注7）。すなわち、実践を最初にすることは、理論を軽視するものではなく、実践によって理論的な概念が認識されると捉えている。

そしてこの最初に経験することと、経験を省察すること、教師教育において省察を促すことで、実践と理論が結びついていく。これをコルトハーヘンらは、リアリスティックアプローチの ALACT モデルとして定義した。すなわち、①行為（Action）→②行為の振り返り（Looking back on the action）→③本質的な諸相への気づき（Awareness of essential aspects）→④行為の選択肢の拡大（Creating alternative methods of action）→⑤試

み（Trial）の循環過程を繰り返すものであるとし、これを意識的に追求することを求めている（注8）。

　このリアリスティックアプローチの過程で重要なことは、行為（Action）を最初の出発点として省察モデルを展開している点である。コルトハーヘンは、行為すなわち実践や経験が先に立つことによって、実践の課題解決に向けた省察も発展していくと捉えている。コルトハーヘンは、理論を知識として学ぶ前に「実践知」を発見することが必要であるとしている。「実践知」を発見した後で、現場を離れたところで“どのようにすれば良いか”を理論的に検討していく。この点は、これまで理論を最初に学ぶことではじめて実践を展開できると捉えられてきた理論と実践の往還モデルとは異なるものである。

　またコルトハーヘンのリアリスティックアプローチは、変革のプロセス自体に焦点を当てている。すなわちドナルド・ショーンと同様に、教師は“専門的知識で教えられる”という技術的熟達者の専門家のモデルではなく、文脈と関係性の中で専門性を発揮するもので、“状況を踏まえて専門的知識を使うことで教えられる”という反省的実践家モデルを改めて強調している点が重要である。コルトハーヘンの省察（リフレクション）は、自分（教師）はどうしたのか、どう感じたかという視点と、対象である子供はどうしたのか、どう感じたかという視点を文脈の中で捉える省察を提示している。

4. 教師教育改革の課題と省察を媒介にした「理論と実践の往還」

（1）教師教育改革の基本的な方向性と実践の課題

　教師教育の理念として新たに提起されてきた「反省的実践家」モデルや「理論と実践の往還」モデルは、日本教育大学協会や日本教師教育学会においても重要な論点として提起されてきた。2004年の日本教育大学協会モデルコアカリキュラム研究プロジェクト「教員養成の『モデルコアカリキュラム』の検討―『教員養成コア科目群』を基軸にしたカリキュラムづくりの提案」（注9）では、実践―省察をコアとし、「理論と実践の往還」「体験と省察」「4年間の体系化」を教師教育の発展条件とするモデルコアカリキュラムを提起してきた。ただこの時点では、これらの基本理念が教育界でも熟しておらず、免許法を改定して、各大学において単位化することはできなかっ

た。また日本の教員養成教育では、教育実習期間も 5 週間程度で短く、欧米の10ヶ月程度の教育実習にしたり、実習内容と省察機会を拡充するためには、学校現場との調整も不可欠であり、日本の教育界でもまだ熟していないことも課題となっていた。また日本では戦後開放制免許発行制度を拡大し、教員免許を取得しても教員にならない人が大部分を占めているため、教育実習期間だけを拡大することは学校現場の負担を拡大するために難しい状況もあった。

このような教師教育の議論と制度改革について、佐藤学氏は、「従来の教育実習は『完成教育』としての教員養成の仕上げとして位置づけられ」ていたが、「現代の教師教育における実践経験は、理論と実践を統合する専門家教育の中心的な課程として位置づけられ、生涯にわたる学びの出発点に位置づけられ」る必要性を強調している（注10）。また激しい時代の変化の中で、「伝達して説明する授業ではなく、創造的で批判的な思考による探究的かつ協働的な学び」を体得することが教師の専門家教育において求められているとしている（注11）。

さらに世界の教師教育の特徴を見ると、佐藤氏によると、第 1 の特徴は、「旧来の教育学の専門分化によるものから越境的で総合的な構成へと移行している」ことである。第 2 の特徴は、教職の科目は、「問題解決的な実践研究と結合されて再構築されていること」である。第 3 の特徴は、「教師教育の研究は教育学研究の中心領域」となり、それにより「教育学の専門分化の壁も克服されている」ことを指摘している（注12）。すなわち教師教育研究は、学校の多様な実践に正対する教師の総合的な資質・能力を求めており、それにより教育学の個別分化の課題を克服し総合的な教育学と教師教育学を追究する新しい研究の方向性も生み出されてきたと言えよう。また同時に、「理論の実践化」や「実践の理論化」に加えて、「実践の中の理論」を研究することが教師教育研究にとって重要であるとしている。すなわち「あらゆる教育実践は、意識的・無意識的な理論を内包し、その理論によって遂行されて」おり、「実践に内在する理論を省察し、その理論を内省し変容することによって、実践を改善することが求められる」としている（注13）。

このように捉えるならば、教育実践力の向上のためには、実践の機会を拡充すると共に、省察・熟考の機会を拡充することが教師教育カリキュラムと

して求められる。特に日本の教育実習期間は、世界最低ラインであり、免許を取っても教員にならない人が8倍ほどいるため、教育実習期間を増やせない現状がある。佐藤氏は、実習期間が短期間となれば、「実体験による訓練」にならざるをえないことを指摘している。一方単に教育実習期間を長期化するだけで、教育学等が圧縮されれば「結果として専門家ではなく実務家の養成に転落」（注14）してしまうことも指摘している。これらを避けるためにも、省察・熟考等によって、教員免許状の単位取得を超えた教育学・教科教育学・教育心理学等と教師教育学の専門的知識を活用する実践経験にしていくことが求められ、これによって、教師教育カリキュラム改革を推進することができるとしている。

　このように省察が"理論と実践の往還"を推進する重要な媒介であるならば、日本の教師教育改革は、実践機会の拡充とそれを普遍化し理論と結びつけていく機会を拡充することによって、真に実践力を有する教師を養成することができると言えよう。

（2）理論や普遍的実践方法から捉えた相対化と省察発展の条件

　省察が、実践に内在する理論を踏まえ、教育学・教科教育学・教育心理学等の理論との関係の中で発展するとしたら、省察を発展させる理論や普遍的実践方法のある程度の標準的な基準を持ち合わせなければならない。すなわちその基準を認識しないまま省察しても、「このようにした方が良い」と判断したことが、根拠のない単なる思い込みや偶然の産物であったり、多様な方法論の一つに過ぎない場合もある。このような観点からすると、省察（リフレクション）は、個々の実践のあとにふり返るだけでなく、様々な教育学・教科教育学の理論や普遍的実践方法に照らし合わせて、相対化していくことが求められる。

　教育実践は不確実性が高いため、教師個人の性格と子供との関係性や環境の変化等によって適切な指導方法も状況によって変わってくる。すなわち、個人によっても状況によっても適切な方法が多様に存在し、また常に求められる対応方法も変化してくる。そのため普遍的な実践方法を集積して、ある程度普遍的実践方法を基準として確立していくことが求められる。教育理論も元々個々の事例の集積と普遍化によって成り立っているものであり、これ

らの理論を踏まえながら、様々な事例を類型化していくことが求められる。このような普遍的実践方法も多様な実践経験を持ち寄りながら、その中で基本的で普遍的な指導方法を記録化し、見える化の中で共有したり、議論できるようにしていくことが重要である。

　教育学や教科教育学の理論の活用も、教育課程編制方法・教科教育指導方法・学級経営方法・いじめ等の問題行動の対応方法・総合的な学習指導方法・教育相談方法・特別活動指導方法・道徳教育指導方法・特別支援教育指導方法など、それぞれの分野の固有の内容・方法がある。それらの普遍的な内容・方法を踏まえた上で、個々の実践の状況に応じて、基本的に踏まえる理論と、およびそのまま活用できないとする場合の付加条件を応用的に再構成して、より適正な実践方法を考えていくことが重要である。このような理論や普遍的実践方法と結びつけて、個々の実践のあるべき姿を考えていくことが「理論と実践の往還」である。

　普遍的実践方法を集積して基準化していくためには、多くのケーススタディを収集して、多様な対応方法を相対化・普遍化していく必要がある。学校現場には朝の会から帰りの会までの1日の指導、4月から3月までの年間の指導があり、この年間を通じたあらゆる状況の多様な指導方法を網羅し、指導方法を相対的に検討していけば、基本的・普遍的実践方法を集積することができる。この基本的・普遍的実践方法を踏まえることができれば、あらゆる現象に対しては、基本的・普遍的実践方法を組み合わせながら、応用的・臨床的に実践方法を選択することができる。

　このように普遍的実践の基準を策定するためには、個々のケースに関して、様々な教師の多様な対応方法を何種類か集積したケーススタディを蓄積すれば、それが標準的な方法となっていく。元々の教育学理論・教科教育学理論・教育心理学理論等も、最初の出発点は、このようなケーススタディを蓄積しながら共通的な要因・方法・条件等を類型化してできたものであるため、実践事例をあらゆる観点から集積していくことが重要になる。

　このような実践事例の集積に関しては、例えば北海道教育大学が開発している実践問題集「教育実践力向上CBT（Computer Based Training）」等がある。この「教育実践力向上CBT」では、様々な場面を念頭においた設問と対応方法を5択の選択肢にした実践問題を1200問開発し、省察の教材と

しても活用している（注15）。この「教育実践力向上 CBT」の問題と選択肢は、ありそうな教育現象に関してより普遍的な対応方法を議論しながら策定したものであり、より普遍的実践方法を示している。また多様な方法を選択肢にしているために、自分の実践方法以外にも他の実践方法があることを学ぶことができる内容となっている。すなわち解答する中で自分の経験を超えて普遍的実践方法を意識できるようにしている。このように個人的経験をさらに省察活動の中で、理論的根拠を理解し普遍的実践方法の中で位置づけていくことが、"理論と実践の往還"を深化させる上で重要である。

5. 集団的・協働的な学び合いと協働的な省察方法

（1）省察（リフレクション）の多層性と省察の観点

　既述の通り省察（リフレクション）は、単なる個人的な反省や振り返りではない。武田信子氏らは、「リフレクションとは、ある行為の改善のために、自らの実践の内容、方法、目的、意義、成果等を自分と自分の実践に関わるすべての人々の様々な観点から、一定の手続きに従って振り返ること」（注16）としている。

　このリフレクションでは、武田氏は、①「授業のリフレクション（ミクロレベル）」、②「学校コミュニティのリフレクション（メゾレベル）」、③「価値観のリフレクション（マクロレベル）」の３種類の層があるとした。ミクロレベルでは、個人の実践を教育技術や教材研究などの視点から吟味し、日頃の教師の授業や行為の中でさらに実践の質を上げていこうとするものである。メゾレベルでは、実践の場としての所属する組織の構造や学校文化をも問い直すもので、教師だけでなく生徒・保護者・学校関係者も含めて学校コミュニティや地域コミュニティの在り方もより良いものに変えていくことを含んでいる。マクロレベルでは、教育実践の背景にある文化・政治・経済や災害・社会的問題などを含めて、社会的な視点から根本的に捉え直していくものである。すなわち個人の実践改善・学校の実践改善から社会全体の教育制度・教育観まで、幅広くリフレクションの内容があると言える。

　さらに武田信子氏らは、専門家としての教師のリフレクションを推進する上で、次の７つの資質・能力を教師の専門性の要素としている（注17）。ここで提起される教師の専門性は、省察（リフレクション）のためだけに用い

「リフレクション・ワークブック」が提起する教師の専門性

	専門家としての教師の資質・能力
1	成長しようとする力
2	対人関係の力
3	教育者としての力
4	学びの場をつくる力
5	組織する力
6	同僚・仲間と協働する力
7	学校を取り巻く人々と協働する力

武田他著『教員のためのリフレクション・ワークブック』（学事出版）より抜粋。

るものではないが、省察を推進する観点としても、基盤的な資質・能力であり、また省察によって教師の資質・能力を高め続ける専門性を発揮することになる。

　7つの専門性は以下の通りである。

　第1は「成長しようとする力」である。成長しようとするためには、常に探求したり、最新の教育実践の情報を得て継続的な研修が必要である。また自分の長所・短所もわきまえて行動すると共に、他者からの評価も自己の成長に活用していく姿勢が必要である。それらを取り入れながら教師としての倫理を果たすようにしていく必要がある。

　第2は「対人関係の力」である。人との関係では相手に合わせた効果的なコミュニケーションが必要であり、自分に対しては自分の感情や行動を自覚しておく必要がある。また集団の中ではグループダイナミクス（集団力学）を理解した上で行動する必要がある。異なる考え方を持つ人達との間でも、すれ違いや誤解を理解して対応する必要があるし、他者と協働できる雰囲気を作り出しておく必要がある。

　第3は「教育者としての力」である。教育者は子供に影響を与えるものであるため、自分の言動が子供にどのように影響しているかを捉えなければならない。そのためには、子供の身体的・心理的発達や価値観の発達も踏まえておかなければならない。また子供のおかれた生育環境や社会の文化的影響も子供の行動に影響していることも認識しておく必要がある。その上で個々

の子供の個別事情や発達を考えながら、対応していくことが求められる。

　第4は「学びの場をつくる力」である。教師は知識・文化の継承者として科学的な思考法を持ち、子供たちにもそれを促していく必要がある。そのためにも様々な学習理論や教育方法に関して、十分な知識・技術を持ち、子供の状況に合わせて実践的に活用できることが求められる。そして教科内容の学習における子供の進捗度・習熟度と評価を踏まえて学習の仕方やニーズに合った指導とカリキュラム編成が求められる。また学級全体としても一人一人にとっても学ぶ雰囲気や関係性など、学べる学級環境を作っていく必要がある。

　第5は「組織する力」である。学級の中では、子供たち一人一人が学級活動に参画できる居場所や出番を持つことが重要であるし、相互に知識や役割を共有し協働的に学習し合える関係を組織することが重要である。子供たちの力を学級運営に活かしながら、自律的に組織を運営していくように仕向けていく環境を作ることが重要である。

　第6は「同僚・仲間と協働する力」である。学校運営は学級が独立的に展開しているわけではなく、学校内で協働しながら教育活動が行われている。同僚と協働したり、声を掛け合ったりしながら、差異を確認すると共に調和を図る必要がある。むろんこれは単なる同調圧力としての統一性を目指すものではなく、個性・仕事スタイル・役割の違いなどを踏まえつつ、建設的な助言や協力関係を作るものである。これにより、学校全体の発展と改善を進めながら、自らの教育実践も発展させることができる。

　第7は「学校を取り巻く人々と協働する力」である。子供は学校だけで学んでいるわけではなく、家庭・地域からも生きる上での様々な知識・知恵を学んでいる。また子供の多面的な発達を考えるならば、様々な地域の専門家や保護者と協働して学校教育に活かしたり地域で学ぶ場も提供していかなければならない。そのためには、保護者・地域住民や他の組織とも、状況に合わせたマナーやコミュニケーションをとることも必要になる。

　これらの資質・能力は、専門家としての教師の基本的な資質・能力であるが、あらゆる臨床的な事例に則して、省察（リフレクション）することで、現実の実践的な対応を応用的に展開することができる。教師は個々の実践事例を経験しながら、それを理論や普遍的実践方法に照らし合わせつつ、その

教訓を省察し概念的に捉えていくことによって、複雑な実践にある程度予測的に対応できるようになっていく。

（2）省察の持つ協働性と協働的な省察方法

　教育実践経験を普遍化・相対化するためには、自分自身の中で内省していく省察と同時に、他の人との集団的・協働的な学び合いとしての実践交流や協働的な省察（リフレクション）が重要になる。省察では最終的には個々人の多面的な教育実践力の向上が求められるために個人省察が重要になるが、そのプロセスにおいては、協働的な省察が個人省察を深めていく。協働的な省察プロセスでは、相互批判ではなく、相互アドバイスによって成長し合う省察が重要である。それにより取り入れられる実践の気づきを広げ、実践に則して臨床的で柔軟な対処方法を選択できる。そのために協働的なブレーンストーミングや相互奨励を通じた切磋琢磨が行われる必要がある。

　協働的な省察方法では、個人省察と集団的交流による省察を組み合わせること、また「書く省察」と「聞く省察」を組み合わせることで、多様な展開方法のアイデアも浮かんでいく。集団の高め合う関係の中で、自分だけでは気づかない多様な方法があることを認識しながら、協働的な省察を促進していくことが求められる。省察方法を発展させる媒介となる素材・方法としては次の表のような多様な方法がある。

協働的な省察のための素材と活用方法

省察の素材・領域	活用方法
①エピソード記録の検討	子供に関するエピソード記録を元にした相互検討
②対応カンファレンスとロールプレイ	指導困難な事例・問題事例等への臨床的な対応カンファレンスとロールプレイ
③時系列的実践記録化	時系列的な実践の記録化による事実の体系的把握
④実践記録の協働的検討	実践記録・実習記録の協働検討と相互コメントによる実践教訓の共有
⑤授業ビデオ視聴の協働的検討	授業等の実践ビデオ視聴方式による協働検討

⑥模擬授業・マイクロティーチング	模擬授業・マイクロティーチングの実践と相互評価
⑦協働的指導案作成	指導案・授業計画の協働的な作成
⑧公開授業の検討	公開授業参観と事後検討会参加
⑨授業スタンダード作成	教科別・単元別授業スタンダードの協働作成
⑩自己目標管理評価	自己目標管理方式と自己目標到達度評価
⑪自己評価の相互評価	自己評価に基づく相互評価・アドバイス評価
⑫イメージトレーニング	課題対応への自己イメージトレーニングと集団協議
⑬討論の見える化による共有	多面的な意見を構造図・表等で見える化した意見の共有化
⑭選択式実践問題の作成	実践を想定した選択式問題の集団的作成
⑮選択式問題に基づく集団協議	選択式問題に基づく基本的対応方法の集団協議

著者作成。

　これらは協働的な省察を行うための素材であり、これらの多様な素材を元にすれば、協働的に実践を省察することが容易になる。学校現場の実践や子供の発達はますます複雑化・多様化し、状況と変化に合わせた臨床的で総合的な対応が求められている。

　総合的な対応をするためには、個々の教師が個人的に力量を高めるだけでなく、協働的な実践と協働的な省察がますます求められており、それにより実態に適合した実践を行うことができる。一人が10回の多様な経験をするとしたら、10人で協働的に検討すれば100回の経験を元にして普遍化することができる。実践を出発点とした「リアリスティックアプローチ」においても、実践を多面的に行っているからこそ、それを理論や普遍的な実践方法と照らし合わせて、普遍的に省察することができる。すなわち多様に存在する普遍的実践方法を基盤にして省察を深めていくためには、必然的に協働的な省察を媒介にしなければならないと言える。

　現在教育界においては、総合的で臨床的な実践力を持つ教師の育成が求められている。そのためには実践を踏まえながら、より普遍的実践方法や理論的観点からふり返る省察によって学び続ける教師が求められている。省察は、

すでに述べたように単なる反省ではなく、新しい到達点を目指して向上し続けるプロセスである。教師は子供の成長に喜びを感じるが、同様に教師自身の成長にも喜びを感じるものである。少しでも自分自身が成長できるならば、その到達点を確認し、成長していること自体に喜びを見出していくことが重要である。この成長する喜びを見出していくことが、「理論と実践の往還」を高め、省察的な教師の資質・能力を高めていく条件となる。

【注記】

注1　ドナルド・ショーン著、佐藤学・秋田喜代美訳『専門家の知恵―反省的実践家は行為しながら考える』ゆみる出版、2001年。

注2　同『専門家の知恵―反省的実践家は行為しながら考える』23頁。

注3　同『専門家の知恵―反省的実践家は行為しながら考える』7頁。

注4　同『専門家の知恵―反省的実践家は行為しながら考える』7頁。

注5　同『専門家の知恵―反省的実践家は行為しながら考える』10頁。

注6　F. コルトハーヘン編著、武田信子監訳、今泉他訳『教師教育学―理論と実践をつなぐリアリスティック・アプローチ』学文社、2010年、37頁。

注7　同『教師教育学―理論と実践をつなぐリアリスティック・アプローチ』52頁。

注8　同『教師教育学―理論と実践をつなぐリアリスティック・アプローチ』54頁。

注9　日本教育大学協会モデルコアカリキュラム研究プロジェクト「教員養成の『モデルコアカリキュラム』の検討―『教員養成コア科目群』を基軸にしたカリキュラムづくりの提案」2004年。

注10　佐藤学著『専門家として教師を育てる―教師教育改革のグランドデザイン』岩波書店、2015年、50頁。

注11　同『専門家として教師を育てる―教師教育改革のグランドデザイン』67頁。

注12　同『専門家として教師を育てる―教師教育改革のグランドデザイン』68頁。

注13　同『専門家として教師を育てる―教師教育改革のグランドデザイン』76頁。

注14　同『専門家として教師を育てる―教師教育改革のグランドデザイン』87頁。

注15　北海道教育大学編『教員養成で育む実践的指導力―学校臨床研究と教職実践研究の取組』大学教育出版、2022年。

注16　武田信子・金井香里・横須賀聡子編著『教員のためのリフレクション・ワークブック―往還する理論と実践』学事出版、2016年、13頁。

注17　同『教員のためのリフレクション・ワークブック―往還する理論と実践』第Ⅱ部。

【参考文献】

1　学び続ける教育者のための協会編、坂田哲人・中田正弘・村井尚子・矢野博之・山辺恵理子著『リフレクション入門』学文社、2019年。

2　岩瀬直樹・中川綾著『読んで分かる！　リフレクション』学事出版、2020年。

3　小林和雄・梶浦真著『すべての子どもを深い学びに導く「振り返り指導」―自律的で深く学び続ける力を育てる振り返り指導』教育報道出版社、2021年。

4　佐伯胖・刑部育子・苅宿俊文著『ビデオによるリフレクション入門―実践の多義創発性を拓く』東京大学出版会、2018年。

第**3**章　学び続ける教員像と
多様な教員研修の在り方

栩澤　実

要点と省察的実践のポイント

①加速度的に変化する社会に臨機応変に対応するために、教員は、身に付けなければならない「流行」の力も多い。

②ある理論のみを重視した慣れた手法による取組だけでは、目の前の多様な子供一人一人に対応することができない。

③人間は何か新しいことに直面した時、エネルギーを使いストレスがかかるため使い慣れた方法に頼ろうとする。安易な方向に流れない打開策は、「意志」や「理性」の力を借り意識し続けることである。

④教員は、研修が法令により義務付けられており、この点が他の職業と一線を画する。

⑤教員の研修は、自己研修、校内研修、校外研修の3種類に大別されるが、各々の研修課題を理解し改善を図っていく必要がある。

⑥教員としての資質・能力の向上には、キャリアステージに応じた研修が必要不可欠である。

⑦「子供の理解力」については、全てのキャリアステージで重点的に学修・研修に努めることが重要である。

⑧教員のメンタルヘルスへの対応は、形式的な時間管理や支援体制の枠組作りだけでは、根本解決につながらないという認識が必要である。

⑨教員一人一人の悩みや苦しみは、様々であり比較ができない。目の前の課題に誠実に取り組むことを、価値ある生き方としてつなげていくことも大切である。

1. 学び続けるために必要なこと

（1）学び続けるとは

　「学び続けることが、必要だ」「学び続けなければ、達成できない」などという言葉を何度となく見たり聞いたりする。教員も子供たちへ、学び続けることの大切さを話すことが、よくあるのではないだろうか。もちろん、「学び続ける」ことに、何の異論も無い。しかし、はじめから「学び続けることが大切だ、必要だ」と教訓のように言われたとしても、「学び続ける」ことは、簡単にできることではないのである。「学び続ける」のは、自分であり、他人に言われることで、逆に行動へ移すことができない状態になり得ることもある。つまり、「学び続ける」ためには、学ぶ必要感、自分自身が学ぶ目的や目標を自覚できなければ、あるいは、学びが知的興奮につながるように、内発的な動機付けにより絶えず自然と学びに向かう状態でなければ、なかなか「学び続ける」ことは、難しいと考える。「学び続ける」ためには集中力が必要であるし、また、集中できたとしても、その集中を持続させることは、簡単ではないという経験をした人も多いのではないだろうか。好きなことや楽しいことには、時間を忘れて取り組み学ぶこともできるだろうが、ここで取り上げる「学び続ける」とは、日単位や月単位のレベルではなく、年単位あるいは、生涯を通じて「学び続ける」ことを意味している。

　教員は、いつ、どのような時代であっても「学び続け」なければ務まらない職業である。教育の世界でもよく「不易と流行」という言葉が使われるが、加速度的に変化する社会において、臨機応変に対応するために身に付けなければならない「流行」の力も多く、柔軟に対応できなければ旧態依然とした教育が繰り返されることとなる。ある理論のみを重視した慣れた手法による取組だけでは、目の前の多様な子供一人一人に、対応することはできないのである。

　つまり、「学び続け」なければ務まらないということを理解できていたとしても、体験を通して実感し、省察を通して行動する必要性、つまり、学ぶ目的や目標を自覚し、意識し続けなければ、主体的に「学び続ける」ことには、つながらないのである。（もちろん、その過程でやりがいや意義を感じることができたならば、充実感を味わうことができるし、学びへの意欲も更

に高まる。）

（2）神経科学の知見による人間の特徴

　この裏付けとして、神経科学の知見は興味深い。急速に研究が進んできており、「教育神経科学」という学術分野もあるが、神経科学はまだまだ発展途上であるらしいけれども、人間の脳の特性についてわかってきたことを積極的に活用していこうと位置付けられており、学校現場としてもこれらの知見を大いに生かすことができると考える。工藤勇一、青砥瑞人著『自律する子の育て方』の中では、以下のように述べられている（注１）。

　　　人の脳の中でも〔…〕よく使う神経回路ほどスムーズに電気信号を通すことができるようになり、逆にあまり使わない神経回路は脳が切り捨てていくのです。〔…〕脳の質量は体重の約２％しかないにもかかわらず、体内で使われるエネルギー（グルコース）の約25％は脳で消費される〔…〕それだけエネルギーを消費するので、脳の構造としても無駄なエネルギーを使わないように変化していく特徴がある〔…〕習慣〔…〕考え方、感じ方、しゃべり方、仕草にいたるまで、その人のやり慣れたパターン、言動パターンとは、「エネルギー効率が抜群にいい回路」が無意識のうちに選択されているだけです。〔…〕人が無意識のうちに選んでしまうネットワークのことを、脳の世界ではデフォルトモードネットワークと言い〔…〕脳の省エネ運転ができるのです。〔…〕ただ、デフォルトモードネットワークは自分にとって好ましくない習慣もデフォルト化されてしまう〔…〕理性的に考えるとマズイと思っても〔…〕よほど意識しない限りその回路が勝手に使われてしまいます。その状況を打開するためにはデフォルトモードネットワークを上書きする〔…〕人間の「意志」や「理性」の力を借りないといけません。〔…〕この時使う回路は普段使っていない〔…〕当然エネルギー効率がよくありません。気を抜いた瞬間に使い慣れた回路を使おうとしますから、常に意識し続けないといけません。エネルギーをドカ食いしますし、ストレスもかかります。だから人はやり慣れたことをやめることがなかなかできないのです。（下線は筆者）

　不易を大事にしつつ、しかし、これまで通用した理論や方法では、通用しなくなることも多々あるし、その場の状況に応じて大胆に変えていかなければ対応できないケースも起きてくる。ところが、依然として頑なに同じ理論や方法に固執する教員が相当数いる根拠として、上述のような神経科学の知見は納得できる。何か新しいことに直面した時、エネルギーを使うし、ストレスもかかるので、使い慣れた方法に頼ろうとする。安易な方向に流れない打開策としては、「意志」や「理性」の力を借り意識し続けることが、大切なのである。

2. 高度専門職としての必要な教員の研修

（1）教員の研修の位置付け

　専門職としての教員の学びは、教員として勤める間は、絶えず続くものである。教員一人一人の主体的な学びを期待するのはもちろんのこと、社会の状況を見極めながら（そのためにも学び続ける必要があるのだけれども）柔軟に受け止めるとともに、自覚し、意識して**主体的に学ぶために**、教員の研修が義務付けられていることも理解できる。

　したがって、教員の研修は、法令に義務付けられている点が他の職業と一線を画する所以であるが、**必要感をもち自ら行うという姿勢**が大切である。代表的な法令として、教育基本法第9条第1項と第2項、そして、教育公務員特例法第21条1項を、以下に示す。

教員の研修の義務

教育基本法第9条	第1項 　法律に定める学校の教員は、自己の崇高な使命を深く自覚し、絶えず研究と修養に励み、その職責の遂行に努めなければならない。 第2項 　前項の教員については、その使命と職責の重要性にかんがみ、その身分は尊重され、待遇の適正が期せられるとともに、養成と研修の充実が図られなければならない。
教育公務員特例法第21条	第1項 　教育公務員は、その職責を遂行するために、絶えず研究と修養に努めなければならない。

筆者作成、これ以降も同じ（下線は筆者）。

　このように、教員は職責を遂行するために、絶えず研究と修養に励み、努めなければならないのである。未来を担う子供たちを育むという使命の主体的な自覚が、高度専門職たる所以である。

（2）多様な教員研修の在り方と課題

　高度専門職に位置付けられている教員は、法令にも則り、絶えず研究と修養に努め、資質・能力の向上を図っていく必要がある。教員研修については、基本的に、以下の3種類に大別することができる。

研修の種類

1）自己研修	勤務時間外に、教員個人の課題や資質・能力の向上のために行う研修のことである。
2）校内研修	校内で行う集合研修等に設定した研修と、日々の公務を通した研修（OJT）に分かれる。
3）校外研修	国や都道府県及び市町村の教育委員会、いわゆる教育行政機関で行う研修や、民間及び任意団体等で行う研修、教職大学院等で行う研修に分かれる。

　教員には、このような研修の機会が与えられているが、公務の複雑化や多様化による多忙のため、それぞれの研修には様々な課題が指摘されており、主な課題としては、以下のようなものがある（注2）。

研修の課題

研　修	課　題
1）自己研修	・教員一人一人の研修方法に工夫改善が必要である ・個人課題に特化した研修のみによる視野の狭い研修に陥りやすい
2）校内研修	・研修計画の作成及び時間の確保等による校内研修体制の整備や研修方法の工夫改善が必要である ・公務を通した研修（OJT）の位置付けとメンターによる研修の関連を図った研修が必要である ・校内研修と個人研修や校外研修の関連を図る必要がある
3）校外研修	・教員の求める研修内容の把握と魅力ある研修を提供する必要がある

	・聞く一方の研修ではなく、アクティブ・ラーニング型の研修へ転換を図る必要がある ・ライフステージに応じた研修の位置付けと大学等との連携による研修意欲の向上を図った研修が、必要である

独立行政法人教職員支援機構「教職員研修の手引き2018」より筆者が抜粋し作成。

　これらの課題を克服するために、教員自身の、そして、学校現場や教育行政機関各々の研修改善に向けた具体的な取組が、今後も望まれる。

（3）教員育成指標に見る教員研修の在り方

　高度専門職である教員の資質・能力向上を目指し学び続けるためにも、キャリアステージに応じた研修は、大変重要である。なぜなら、個人的に深めたい自己研修はもとより、経験の違いにより、学校としての役割も変わってくるからである。チームとして取り組む学校の在り方としては、各ステージにおける役割の遂行が、教育効果の良し悪しに多大な影響を及ぼすことにもなる。

　そのような中、2016年11月に公布、翌年に施行された改正教育公務員特例法は、教員の養成、採用、研修について一体的に改革を図るものであるが、特に研修については、教員育成の指標を策定し、計画的に研修を実施していくことを規定している。これを受け各都道府県においても育成指標が策定されているが、ここでは「北海道における教員育成指標」（2017年12月策定、2019年3月追加）を例に、「重点的に学修・研修に努めたい時期の目安【概要版】」に触れる（注3）。

　これは、昨今、「学校における働き方改革」への対応が求められていることなどを鑑み、「教員育成指標」の策定によって、網羅的な研修の受講となったり、教員の多忙化が進んだりすることがないよう、「北海道教員育成協議会」において、重点的に学修・研修に努めたい時期の目安を検討し示されたものである。

　三つの教員像に対して、キーとなる資質・能力を示し、その上で、その資質・能力を育むために、キャリアステージのどの段階で学修・研修に努めたいのかを示したものである。注目すべきは、「教育の専門家として、実践的指導力や専門職の向上に、主体的に取り組む教員」像におけるキーとなる資

「教員育成指標【概要版】」…重点的に学修・研修に努めたい時期の目安

教員像	キーとなる資質能力		キャリアステージ			
			養成段階	初任段階	中堅段階	ベテラン段階
教育者として、強い使命感・倫理観と、子どもへの深い教育的愛情を、常に持ち続ける教員	使命感や責任感・倫理観		○	◎	→	→
	教育的愛情		→	◎	→	→
	総合的人間力		○	→	→	◎
	教職に対する強い情熱・人権意識		○	→	◎	→
	主体的に学び続ける姿勢		→	→	→	→
教育の専門家として、実践的指導力や専門性の向上に、主体的に取り組む教員	子ども理解力		◎	◎	◎	◎
	教科等や教職に関する専門的な知識・技能		◎	○	→	→
	実践的指導力	授業力	○	◎	◎	→
		生徒指導・進路指導力	→	◎	○	→
		学級経営力	→	○	◎	→
	新たな教育課題への対応力	「主体的・対話的で深い学びの実現に向けた授業改善」への対応力	◎	○	→	→
		「カリキュラム・マネジメント」への対応力			◎	
		「ICTを活用した指導」への対応力				
		「外国語教育の充実」への対応力			→	
		「特別支援教育」への対応力				
学校づくりを担う一員として、地域等とも連携・協働しながら、課題解決に取り組む教員	学校づくりを担う一員としての自覚と協調性		→	○	◎	◎
	コミュニケーション能力(対人関係能力を含む)		◎	◎	→	→
	組織的・協働的な課題対応・解決能力		→	→	○	◎
	地域等との連携・協働力		→	→	◎	○
	人材育成に貢献する力		→	→	○	◎

◎：重点的に学修・研修に努めたい時期　○：力量に応じて学修・研修に努めたい時期
→：継続して自己研鑽に努めたい時期
「北海道における教員育成指標」(2017策定、2019追加) 北海道教育委員会24頁より抜粋し作成。

質・能力の「子ども理解力」は、「養成段階」「初任段階」「中堅段階」「ベテラン段階」の全てにおいて、重点的に学修・研修に努めたいとなっている点である。これは、何をするにも目の前の子供の実態把握による理解から出発しなければ、いくら優れた方法や内容であったとしても、効果的な取組にはならないことを意味している。「子ども理解力」の大切さを肝に銘じておく必要がある。

3. 学び続けるための教職員のメンタルヘルス

（1）教職員のメンタルヘルスの現状

　学校教育においては、教員が心身ともに健康で教育に携わることができなければ、子供や保護者等との良好な関係を構築しながら教育を推進することは不可能である。ところが、扱う教育内容や課題及び、子供や保護者の変容とそれに伴う学校や教員の役割等の増加、職場の雰囲気や教員自身の問題等により、病気休業者数が過去5年間（2015〜2019年度）を見ても、7600人以上となっている（注4）。そのうち、精神疾患による休職者は、2017年度以降は5000人を超えている状況が続いている。これは、病気休業者数の65%以上を占めており、特に、業務量の増加や複雑化、職場の人間関係等が指摘されている。（詳細な結果や分析は、関連の報告書等を参照のこと。）

　国も原因と課題を整理し、専門的な見地から検討し「教職員メンタルヘルス対策検討会議」を2011年に設置し、2013年に「教職員のメンタルヘルス対策について」を公表するとともに、対策に乗り出したが、教員数は減少しているにも関わらず、上述のように病気休業者数は高止まり状況である。

　教職員一人一人のメンタルヘルスの状況には、様々な原因がある。学校という場を考えても、各学校により職場環境が異なる。学校規模や教職員の構成年齢の不均衡、個人の様々な課題によるストレス耐性によっても変わってくる。メンタルヘルスへの対応は、学校をはじめ、教育行政機関等で検討され取り組まれているが、その内容には、業務内容と業務分担の見直しや健康管理の状況の定期的な把握、相談体制等について、組織的あるいは個人的なアプローチによる対策が行われている。大切なのは、学校現場は、単に形式的な時間管理や支援体制の枠組みを作ったとしても、その通りに対応できないことが多いという認識である。（日常的に突発的な事案が起きるのが現場

である。）例えば、子供への関わりとして、放課後の時間を生み出すにして
も、休み時間や打ち合わせの時間を切り詰めて生み出される時間の改善のみ
では、根本的な解決が難しいという現場感覚を大切にすることである。また、
地域の方を有効活用し業務軽減を図るという案はできたとしても、もちろん、
これまでもボランティアとして様々な協力を得ているのであるが、「社会に
開かれた教育課程」のもと、教育活動のあらゆる場面において、日常的な機
動化を図るためには、まだまだ克服しなければならない課題がたくさんある
ことは想像に難くない。この点については、多方面からの改革が必要であり、
今後の新たな取組にも期待しているところである。何よりも重要なことは、
教職員のストレス軽減へ寄与できるよう、学校が組織で対応し、教職員の協
働性や同僚性の向上を図るとともに、関係機関等との密接な連携による良好
な人間関係の基盤を創ることである。学校としての課題や教職員一人一人の
悩みは、様々である。日常的に、身近にいる教職員同士（学校配置のスクー
ルソーシャルワーカーや相談員等も含め）による自分事としての聞き合いや、
協力し助け合える環境であることが、間違いなく教職員一人一人に安心感を
与えてくれるのである。

（2）一人一人が自分の生き方を省察する

　様々な問題に悩み苦しんだり、解決にかなりの時間を費やしたり、他の教
員の考え方の違いから葛藤したりなど、同僚や子供、保護者、地域社会等、
人と関わる職業であるだけに、日々の業務全てが、計画された時間割に沿っ
て行う授業のようには進まないことが多い。つまり、学校で起きる様々な出
来事の対応で、本来行わなければならないことが滞り、仕事が山積み状態に
なることも多いのである。したがって、人間関係による行き違いやトラブル
続きで、心の活力を低下させている教員もいる。しかし、問題がない、悩み
がないということの方が珍しい。学校は、むしろ問題を解決していく中で、
理解し合いながら強固な信頼関係を築いていく場であり、この信頼が次の取
組への活力になると言える。

　そのようなことを認識できていたとしても、時に、問題が起こり続け、
「なぜ、自分にばかり…」という経験をしている教員もいると考える。その
ような時に、V・E・フランクルの言葉を心の持ち方のヒントにして考えて

みたい。第二次世界大戦中、ナチスにより強制収容所に送られた体験を『夜と霧』や『それでも人生にイエスと言う』等に記した精神療法医で、心理学者でもあるフランクルは、「生きる意味と価値」について、以下のように述べている（注5）。

　　　　生きることはいつでも課せられた仕事なのです。このことだけからも、生きることは、困難になればなるほど、意味あるものになる可能性があるということが明らかです。

　また、諸富祥彦著『NHK　100分 de 名著　ブックス　フランクル　夜と霧』では、生きる上で活力を与えてくれる言葉が紹介されている（注6）。例として、以下に挙げる。

　　　　あなたがどれほど人生に絶望しても、人生のほうがあなたに絶望することはない

　悩みや苦しみは、人により様々であり、比較はできない。人と比べたり、生きる意味を人生に求めたりするのではなく、人間は生きる意味を人生から問われているのであり、だから、その問いに答えていかなければならないというのである。
　つまり、自分の意に反して「なぜ、いつも自分に、こんなことが起こるのだろうか？」や「どうして、今これをしなければならないのだろうか？」という状況になったとしても、その目の前のことに誠実に取り組むことが人生であり、意味のある、価値のある生き方につなげることができるということである。学び続ける教員個人の姿勢として、考えてみる価値がある。

【注記】
注1　工藤勇一、青砥瑞人著『自律する子の育て方』SB 新書、2021年、34-37頁。
注2　独立行政法人教職員支援機構「教職員研修の手引き 2018」2018年、2頁。
注3　北海道教育委員会「北海道における教員育成指標」2017年、2019年 3 月一部追加、24頁。
注4　文部科学省　「公立学校教職員の人事行政状況調査について」。
注5　Ｖ・Ｅ・フランクル著、山田邦男・松田美佳訳『それでも人生にイエスと言う』春

　　　秋社、1993年、57頁。
注6　諸富祥彦著『NHK　100分 de 名著　ブックス　フランクル　夜と霧』NHK 出版、
　　　2013年、152頁。

【参考文献】
1　工藤勇一、青砥瑞人著『自律する子の育て方』SB 新書、2021年。
2　Ｖ・Ｅ・フランクル著、山田邦男・松田美佳訳『それでも人生にイエスと言う』春秋社、
　　1993年。
3　諸富祥彦著『NHK　100分 de 名著　ブックス　フランクル　夜と霧』NHK 出版、
　　2013年。

第 4 章 子供の省察力を育む教育的指導の在り方

棚澤　実

要点と省察的実践のポイント

①高度専門職である教員にとって、自分の実践成果と課題を明確にし、更なる改善に向けた取組につなげるためにも、省察は不可欠である。

②教師として成長していくプロセスの理解を深める研究方法の一つにセルフスタディがあり、今後、現場での研究推進が期待されている。

③経験の浅い教師や学生が、自分の実践を批判的に振り返る（省察する）ために教師教育者がクリティカル・フレンドとしての役割を担う必要がある。

④子供が自律的な学びができるように、教師はクリティカルな存在としての役割を担うことが重要である。

⑤子供の省察力を育むためには、子供が自分自身の言動などを省みて、考えをめぐらし、その良し悪しをよく考えることができるよう、発達段階や実態に応じた省察（振り返り）が必要である。

1. 自律的な学びにつながる省察力

（1）教師としての資質・能力のレベルアップを図る省察

　省察とは、自分自身の言動などを省みて、考えをめぐらし、その良し悪しをよく考えることを意味する言葉である。高度専門職である学校の教師にとって、自分自身の実践を振り返り、考えをめぐらしながら成果と課題を明確にし、更なる改善に向けた取組につなげるためにも、この省察は、多くの教師教育プログラムにおける基礎となっており、大変重要な行為と言える。教育や教師教育における省察概念の基礎となっているのがデューイの省察という概念である（注1）。また、「省察は問題に直面したり応答したりする全体的な方法であり、教室に教師として存在する方途である。省察的な行為と

は、論理的で理性的な問題解決を超えた過程である。省察は、直感や感情、情熱を含み、教師の授業技術の詰め合わせではない」（注2）。

　デューイは、省察についてオープンな姿勢、責任、そうした行為や事柄に没頭して打ち込む心の3点を前提として挙げているが、その意味することは、以下のようなことである（注3）。

省察の前提

オープンな姿勢	問題を新たな方法や違った方法で考え、他の意見に積極的に耳を傾け、オルタナティブな視点に気を配り、反対意見に注意を払って聞くことができる能力
責任	物事や事象の理由を知ろうとすることであり、何かを信ずるに値する理由をしっかりと認識するために知的基盤を検証していくこと
行為や事柄に没頭して打ち込む心	人があるテーマまたは関心事に完全に熱中している際に現れるもの

ジョン・ロックラン監修・原著、武田信子監修・解説『J・ロックランに学ぶ教師教育とセルフスタディ』学文社、2019年、77頁より抜粋し筆者作成（以下同様）。

　省察的実践においては行為に対する省察が特に大切であり、意図的にこれらの態度の涵養を強調していくと実践のより深い理解につなげられるとし、省察的実践を効果的にする前提条件として、ジョン・ロックランは、以下の6つを挙げている（注4）。

省察的実践を効果的にする前提条件

・問題は問題として認識されなければ対応されない
・自らの実践の正当化は見かけの省察である
・経験だけでは学習を導かない―経験についての省察が極めて重要となる
・その問題を捉える別の視点も身につけていかなければならない
・言語化して表現されることが重要となる
・省察は専門職としての知識を開発していく

同上『J・ロックランに学ぶ教師教育とセルフスタディ』77-78頁より抜粋し筆者作成。

　省察的実践については、教師教育という文脈でも語られることが多い。つまり、これからの加速度的に変化する社会の中で、時代を担う教師としての

資質・能力のレベルアップを図るためには、絶えず省察しながら新しい視点を模索し、戦略を練り実践するという繰り返しが不可欠であり、これが成長していくプロセスと言える。このような成長を通し、教師として自律できる力を培っているからこそ、子供の自律的な学びを支援することもできるのである。

（2）セルフスタディの特徴を日常実践に生かす

　教師として成長していくプロセスの理解を深めるための研究方法の一つに、セルフスタディがある。セルフスタディ（Self-study of teacher education practices）は、1992年アメリカ教育学会におけるトム・ラッセルやコルトハーヘンらによるディスカッションの中からスタートしたものである（注5）。質的であれ量的であれ、当事者（自分）の実践を素材とする研究のことを言う。自分及び自分の関わる集団（協働する仲間や組織も含む）を対象として分析し、教えることについての知識を生み出すためになされる。日本でも、今後更に進んでいく研究であり、期待されている。

　セルフスタディの特徴については、ジョン・ロックランがラボスキーによる以下の4つを挙げ説明をしている（注6）。

セルフスタディの4つの特徴

1）実践の改善を目的とすること	個人の経験を明示化し、自他による記録等を繰り返し読み込んで隠れたカリキュラムを探究し、妥協してきた点を確認しつつ、脚色されたストーリーや生のストーリーを分析し、よりよい実践を意識して目指すもの
2）相互作用的、批判的な友人の介入があること	自分自身のナラティブな記録や実践記録等をもととして、安全な他者の視点を入れて研究を進める。つまり、メンターからの示唆を受けたり、生徒や学生の提出物を分析したりして、多面的なエビデンスを得ることが必要である
3）多様な手法を用いること	質的研究であれ量的研究であれ、しっかりした研究手法を用いることが求められる。ただし、特定の研究手法を志向するものではなく、研究の方法論である。目的にあった研究手法を選択して用いる

4）専門家コミュニティ 　の構築をめざすこと	熟議、検討、判断を協働して行う専門家コミュニティの構築を目指して行われる研究である。個人のリフレクションは、個人の実践の改善のみならず、教師教育機関のプログラム改革などの教育・学校文化上の重要な課題の認識をもたらすことにつながる

同上『J・ロックランに学ぶ教師教育とセルフスタディ』150頁より抜粋し筆者作成。

　この4つの特徴をもつセルフスタディを必要とするのは、教師教育者を目指す現場の教師（関係としては、例えば、経験豊富な教師と経験の浅い教師、大学の教師と学生等）であるが、この特徴は、子供が学び方を改善するための教師の関わり方への示唆を与えてくれる。

　つまり、「子供が、自分自身の課題解決に向けた明確な目的を自覚できるようにすること」や「子供が、自分自身の振り返りに対して、教師が否定ではなく、妥協ではなく、批判的に介入し省察することにより、改善の根拠や具体策を理解すること」「子供が、教師による弾力的な指導方法により、実践できること」である。

　そして、これらの取組を通して、「教師一人一人が、お互いの実践を省察し合い、課題及び解決策を共有し提案できるレベルにすること」である。

2. 子供の省察力を育む教育指導

（1）教師が子供の省察力を育むクリティカルな存在としての役割を担う

　セルフスタディでは、例えば経験の浅い教師や学生が自分の実践を批判的に振り返る（省察する）ために、教師教育者がクリティカル・フレンドとしての役割を担うが、学校現場では、子供が自律的な学びをできるように、教師はクリティカルな存在としての役割を担うことが重要である。クリティカルとは、批判的という意味であり、これは否定的なという意味ではない。子供が自律的な学びを実現するためには、周りの意見や考えに流される思考ではなく、第5章で述べる「対話」を通して多様な視点から考え、自分の根拠を基に判断し行動するための省察力を育むために、必要な見方となるものである。

（2）子供の省察力を育む教育指導

　自律的な学びに必要な振り返りとは、1単位時間（小学校45分、中学校50分）の中で終末時に数分間行う形式的な振り返りのことを意味していない。子供たちが、自分自身の言動などを省みて、考えをめぐらし、その良し悪しをよく考えるという省察にまで高めることができるよう、発達段階や実態に応じた取組を意識して継続する必要がある。

　例えば、小学校であれば各教科で身に付けさせたい学年ごとの資質・能力を生かしながら、以下のような内容が考えられる。

小学校の学年段階で大切にしたい省察の内容例

低学年	・自分がしたことや学んだことのだいたいについて順を追って思い出す ・話し合いを通して、学んだこと等について素直な感想をもつ
中学年	・根拠や例を挙げながら自分の取組を整理する ・話し合いを通して、共通点や相違点に注目したり、質問したりしながら必要なことを見つけ出す
高学年	・目的や意図に応じて行ったことについて成果と課題を明確にする ・話し合いを通して、多様な意見や考えを聞き合い、自分の考えを批判的に吟味し広げたりまとめたりするとともに、改善策を見出す

　小学校低学年の段階では、省察というより、思い出したり、簡単な感想をもったりという活動をしっかりと行い、学年段階の上昇に伴い自分自身の言動や、その結果を正確に理解し、成果を更に生かすと共に、課題については話し合いを通して、内容を批判的に吟味しながら具体的な改善策を自分自身が構築して再試行できるようになることが重要である。

　そのために教師は、どの学年においても、子供が自分で思考する力を停止させるような解説型の教え込みに終始した指導から脱却する必要がある。そして、学年の発達段階や実態に応じて指導する度合いを変えつつ、上学年への移行に伴い自分自身で批判的に考察しながら省察力を高め、自律的な学びができるような指導を意識し、計画的、継続的に実施していくことが大切である。

【注記】

注1　Dewey, J. (1933). How We Think Lexington, Massachusstts: D. C. Health and Company.

注2　Zeichner, K.M., & Liston, D. P. (1996). Reflective Teaching: An Introduction. Mahwah, New Jersey: Lawrence Erlbaum Associates. p.9.

注3　Loughran, J. J. (1996). Developing reflective practice: Learning about teaching and learning through modelling.London: Falmer Press.
ジョン・ロックラン監修・原著、武田信子監修・解説『Ｊ・ロックランに学ぶ教師教育とセルフスタディ―教師を教育する人のために』77頁。

注4　Loughran, J. J. (2002). Effective reflective practice: In search of meaning in learning about teaching. Journal of Teacher Education, 53（1）, 33-43.
同『Ｊ・ロックランに学ぶ教師教育とセルフスタディ』77-78頁。

注5　同『Ｊ・ロックランに学ぶ教師教育とセルフスタディ』149頁。

注6　LaBoskey, V. (2004). The methodology of self-study and its theoretical underpinnings, In J. Loughran, M. L. Hamilton, V. k. LaBoskey, & T. Russell（Eds.）, International handbook of self-study of teaching and teacher education practices（pp.817-870）. Dordrecht: Kluwer.
同注3『Ｊ・ロックランに学ぶ教師教育とセルフスタディ』150頁。

【参考文献】

1　ジョン・ロックラン監修・原著、武田信子監修・解説『Ｊ・ロックランに学ぶ教師教育とセルフスタディ―教師を教育する人のために』学文社、2019年。

2　楜澤実・西田めぐみ「教師及び教師教育者として振り返り自分を見つめるセルフスタディ実践研究―メモリードローイングを通して」、2021年、『釧路論集』27-39頁。

II

「主体的・対話的で深い学び」を育む協働的な学び

「主体的・対話的で深い学び」と自律的な学び

楜澤　実

楜澤　実

要点と省察的実践のポイント

① 「どのように学ぶか」という「学びの質」の深まりを大切にした授業改善を図るために、「主体的・対話的で深い学び」が不可欠である。

② 「主体的な学び」「対話的な学び」「深い学び」の三つの視点は、相互に影響し合うものであるが、学びの本質として重要な点を異なる側面から捉えたものであることを意識する必要がある。

③ 「学びに向かう力や人間性」を育み、「自分の生き方」を考えるためには、省察や実際の行動レベルをイメージした「対話」が重要である。

④ 激変する社会だからこそ、自律した人間として、たくましく生きていくことのできる資質・能力を育んでいく必要がある。

⑤ 「個別最適な学び」と「協働的な学び」は、別々に単独で継続して実施するものではなく、授業の中で一体的に取り組まれ生かし合うことで、一人一人の子供のよい点や可能性を引き出すことができる。

1. 「主体的・対話的で深い学び」の実現に向けた授業改善

（1）学びの質を深める「主体的・対話的で深い学び」とアクティブ・ラーニング

　「主体的・対話的で深い学び」は、今後子供たちに身に付けさせたい資質・能力を育むために「どのように学ぶか」という「学びの質」の深まりを大切にした授業改善の視点から求められたものである。そもそも、「主体的・対話的で深い学び」については、2014年11月20日の中央教育審議会諮問「初等中等教育における教育課程の基準等の在り方について」の中で、主体的・協働的に学ぶ学習として「アクティブ・ラーニング」が必要であるという記述から、その後、2016年12月21日の中央教育審議会答申（以降2016年答

申と表記）で、「アクティブ・ラーニング」は、特定の学習や指導の「型」に拘泥する事態を招きかねないのではないかとの指摘を踏まえて、多義的な「アクティブ・ラーニング」という言葉を避け「主体的・対話的で深い学び」を実現するための視点として捉えることになったとの記述に見ることができる。

＊「アクティブ・ラーニング」は、2012年の中央教育審議会にて大学教育の分野で登場した言葉である。

（2）「主体的・対話的で深い学び」の実現に向けた授業改善の推進

「小学校学習指導要領（平成29年告示）解説 総則編」第1章総説1の（2）改定の基本方針③「主体的・対話的で深い学び」の実現に向けた授業改善の推進では、

> 子供たちが、学習内容を人生や社会の在り方と結び付けて深く理解し、これからの時代に求められる資質・能力を身に付け、生涯にわたって能動的に学び続けることができるようにするためには〔…〕学習の質を一層高める授業改善の取組を活性化していくことが必要であり〔…〕「主体的・対話的で深い学び」の実現に向けた授業改善（アクティブ・ラーニングの視点に立った授業改善）を推進することが求められる。

と記述されており、その「主体的・対話的で深い学び」の実現に向けた授業改善上の留意点として、以下の6点を示している。

「主体的・対話的で深い学び」の実現に向けた授業改善上の留意点

ア これまで地道に取り組まれ蓄積されてきた実践を否定し、全く異なる指導方法を導入しなければならないと捉える必要はないこと
イ 授業の方法や技術の改善のみを意図したものではなく、児童生徒に目指す資質・能力を育むために「主体的な学び」「対話的な学び」「深い学び」の視点で、授業改善を進めるものであること
ウ 各教科等において通常行われている学習活動（言語活動、観察・実験、問題解決的な学習など）の質を向上させることを主眼とするものであること

エ　単元や題材など内容や時間のまとまりの中で、学習を見通し振り返る場面をどこに設定するか、グループなどで対話する場面をどこに設定するか、児童生徒が考える場面と教師が教える場面をどのように組み立てるかを考え、実現を図っていくものであること

オ　深い学びの鍵として「見方・考え方」*を働かせることが重要になること

カ　基礎的・基本的な知識及び技能の習得に課題がある場合には、その確実な習得を図ることを重視すること

*　深い学びの鍵となる「見方・考え方」
　　各教科等の特質に応じた物事を捉える視点や考え方のことです。習得・活用・探究という学びの過程の中で働かせることを通じて、より質の深い学びにつなげていきます。

図表は筆者作成。以下同様。

　また、「主体的・対話的で深い学び」の実現に向けた授業改善の具体的な内容については、2016年答申で、以下の3つの視点に立った授業改善を行うことを、例とともに示している。

「主体的・対話的で深い学び」の実現に向けた授業改善の視点と例

学び	授業改善の視点	例
主体的な学び	学ぶことに興味や関心を持ち、自己のキャリア形成の方向性と関連付けながら、見通しをもって粘り強く取り組み、自己の学習活動を振り返って次につなげる	・学ぶことに興味や関心を持ち、毎時間、見通しを持って粘り強く取り組むとともに、自らの学習をまとめ振り返り、次の学習につなげる ・「キャリア・パスポート（仮称）」などを活用し、自らの学習状況やキャリア形成を見通したり、振り返ったりする
対話的な学び	子供同士の協働、教職員や地域の人との対話、先哲の考え方を手掛かりに考えること等を通じ、自己の考えを広げ深める	・実社会で働く人々が連携・協働して社会に見られる課題を解決している姿を調べたり、実社会の人々の話を聞いたりすることで自らの考えを広める ・あらかじめ個人で考えたことを、意見交換したり、議論したりすることで新たな考え方に気が付いたり、自分の考えをより妥当なものとしたりする

深い学び	習得・活用・探究という学びの過程の中で、各教科等の特質に応じた「見方・考え方」を働かせながら、知識を相互に関連付けてより深く理解したり、情報を精査して考えを形成したり、問題を見いだして解決策を考えたり、思いや考えを基に創造したりすることに向かう	・事象の中から自ら問いを見いだし、課題の追究、課題の解決を行う探究の過程に取り組む ・精査した情報を基に自分の考えを形成したり、目的や場面、状況等に応じて伝え合ったり、考えを伝え合うことを通して集団としての考えを形成したりしていく ・感性を働かせて、思いや考えを基に、豊かに意味や価値を創造していく

　更に、これら「主体的な学び」「対話的な学び」「深い学び」の三つの視点について、2016年答申では、子供の学びの過程としては一体として実現されるものであり、主体的な学びが対話的な学びにつながったり、対話的な学びを通して深い学びにつながったりなど相互に影響し合うものであるが、学びの本質として重要な点を異なる側面から捉えたものであるので、授業改善の視点としては、それぞれ固有の視点になると述べている。つまり、1単位時間の授業の中で全てが実現されるものではなく、単元や題材のまとまりの中で実現されるよう、子供たちの学びがこれら三つの視点を満たすものになっているか、それぞれの視点の内容と相互のバランスに配慮しながら学びの状況を把握し改善していくことに留意する必要性を示している。（波線は筆者）

　「主体的・対話的で深い学び」は、今後の激変する社会に対応し、子供一人一人が行動の主体として自律した人間に成長するために欠かせない、重要な学びであると捉える。

（3）対話における行動と省察

　「主体的・対話的で深い学び」の「対話的な学び」については、これまでも「対話を重視した授業」や「対話を通して様々な考えを理解し、深める授業」等、校内研究でもよく取り上げられるテーマの一つである。しかし、本来の「対話」とは、向かい合って単に自分の考えや意見を互いに述べ合うことを意味していない。そこで、改めて「対話」について考えてみる。

　ブラジルの教育思想家パウロ・フレイレは、「対話」そのものの本質は言葉であるが、その言葉には大きな意味があると言う。フレイレは著書『被抑

圧者の教育学』（50周年記念版、三砂ちづる訳、亜紀書房、2018年）の中で、以下のように述べている（注1）。

> 「対話」には**行動**と**省察**という二つの次元がある〔…〕この二つは常に連帯の関係、すなわち緊密な関係性の下にある。〔…〕どちらかが損なわれると片方はその影響をすぐに受けてしまう。本当の言葉のないところに実践はない。だからこそ、本当の言葉は世界を変えることもできる。〔…〕行動の次元から切り離されてしまった言葉は、〔…〕省察とも切り離され、無意味な言葉の羅列となって〔…〕世界を改革するようなコミットメントも行動も期待できず〔…〕逆に、行動のみを強調して省察をおろそかにすると、言葉は単なる行動主義、すなわち行動を煽るだけのものとなってしまう。〔…〕省察をともなわず、本当の意味での実践や対話を否定してしまう。このような分極化は真実ではない存在によってつくり出され、さらに真実でない思考を生み、その分極化を結果として強化してしまう。

と言う。つまり、今次学習指導要領でいうところの「学びに向かう力や人間性」を育むためには、あるいは「自分の生き方」を考えるためには、真実の言葉により日常生活を変革していくことができるような力となる**省察**や実際の**行動**レベルをイメージした、そのような自覚のある「対話」を行うことが、重要であると理解できる。また、フレイレは、同著書の中で人間の存在と対話の関係について、以下のように述べている（注2）。

> 人間の存在というものは、そもそも静かに黙しているものではない。〔…〕人間は沈黙のうちに人間になることはなく、言葉をつかって仕事をすることによって、その反応と省察のうちに、人間になるのである。〔…〕真実の言葉を話すこと〔…〕それ自体は特権的なものではなく、全ての人の権利である。〔…〕対話とは世界を媒介とする人間同士の出会いであり、世界を"引き受ける"ためのものである。〔…〕対話は人間が人間として意味をもつための道そのものであるといえるだろう。だからこそ対話は人間存在の根幹にかかわる希求である。

〔…〕それは創造の行為である。

と言う。つまり、対話は人間同士の出会いであり、一方的に伝えたり、交換したり、ある人の言葉にいつも従ったり、発言者が支配したりするための行為ではないのである。また、真実を知ろうとせずに考えを押しつけ合うような行為でもないのである。お互いの知恵を出し合い共有したり、時に批判的に議論したりしながら新たなものを創り出していく営みが対話なのである。このような対話本来の意義を理解するならば、授業における対話も、一人の自律した人間として生きていくために欠くことのできない力の基盤を創るものと考える。物事を批判的に見て真実を追究できる、共によりよい考えを創り出す、根拠を基に自分で判断し行動できる自律した人間へと成長するためには、対話が必要不可欠なのである。したがって、これまで以上に対話本来の意義を生かした「対話的な学び」の実現に向けた取組が、重要となる。

2. 激変する社会に対応できる自律的な学び

（1）今後の学校教育で目指す「令和の日本型学校教育」

　これからの世の中は、先端技術の高度化等により、あらゆるものが劇的に変わる時代へと進んでいる。情報機器の進化も計り知れず、また、新たな技術が次々と生み出され、これまでの私達の概念を覆すような事実を目の当たりにする機会も増えてくるにちがいない。一方で、健康を脅かす状況は社会や経済に大きな影響を与え、先行き不透明で不安だらけの生活を強いている。

　つまり、このような激変する社会では、予測困難な事象が多く、私たちの想像を絶する次元にまで及ぶことが想定される。その時、私たちは恐怖におののき、不安な気持ちに苛まれ、時に苦しむこともあると考える。しかし、だからと言って必要以上に怯える必要はないのである。情報を鵜呑みにして想像の世界に支配され、個を失い消極的に過ごすことが、人としての生きる道ではないのである。むしろ、混沌とした世界の中で生きることが当たり前であり、だからこそ自律した人間として生きていく必要がある。私たちは、答えのない、予想のできない問いを前に、どのように考え行動しなければならないのであろうか。まずは、これまでの知識や理解・技能、既存の理論に頼るだけでは、あるいは、単に世間一般の言動を鵜呑みにした同調行動で対

応できないことは、自明のこととして自覚し続ける必要がある。そして、自分を見失うことなく、思考を止めることなく、たくましく生きていくことのできる資質・能力を育む機会として、教師も子供も、保護者や地域住民も、未だ権威を保っている形式的再生に終始した知育偏重主義志向からの脱却を図ることに本腰を入れて取り組む必要がある。（中学校や高等学校の出口を受験とする制度では、限界であろう。）

　このような状況の中で、中央教育審議会答申『「令和の日本型学校教育」の構築を目指して〜全ての子供たちの可能性を引き出す、個別最適な学びと、協働的な学びの実現〜』（これ以降、中教審答申『令和の日本型教育』と表記）において、2020年代を通じて実現を目指す学校教育を「令和の日本型学校教育」と呼んだ。その教育の実現すべき姿が、「全ての子供たちの可能性を引き出す、個別最適な学びと、協働的な学び」である。ここでは、ICT等の活用と少人数によるきめ細かな指導体制を整備することにより、先述の「主体的・対話的で深い学び」への授業改善を図るために、「個別最適な学び」と「協働的な学び」とを一体的に充実することを目指している。

　つまり、「個別最適な学び」と「協働的な学び」が一体となった学びは、自律した人間として生きていくための自律的な学びを保障する上でも大変重要な取組と言える。したがって、例えば、個及び集団の学びを大切にする探究的で自律型の学習が実践されることにより、「主体的・対話的で深い学び」の実現にもつなげていくことができるのである。

（2）「個別最適な学び」と「協働的な学び」

　「個別最適な学び」（「指導の個別化」と「学習の個性化」を学習者の視点から整理した概念）について、今次学習指導要領では、指導方法や指導体制の工夫改善により、「個に応じた指導」（「指導の個別化」と「学習の個性化」を教師の視点から整理した概念）の一層の充実を図るとしている。

　中教審答申『令和の日本型教育』では、その具体的な内容を、以下のように示している。

「個別最適な学び」（学習者の視点）＝個に応じた指導（教師の視点）の具体例

個別最適な学び（個に応じた指導）	具体例
指導の個別化	基礎的・基本的な知識・技能を確実に習得させ、思考力・判断力・表現力等や、自ら学習を調整しながら粘り強く学習に取り組む態度等を育成するためには、教師が支援の必要な子供により重点的な指導を行うことなどで効果的な指導を実現することや、<u>子供一人一人の特性や学習進度、学習到達度等に応じ、指導方法・教材や学習時間等の柔軟な提供・設定を行うことなど</u>
学習の個性化	基礎的・基本的な知識・技能等や、言語能力、情報活用能力、問題発見・解決能力等の学習の基盤となる資質・能力等を土台として、幼児期からの様々な場を通じての体験活動から得た子供の興味・関心・キャリア形成の方向性等に応じ、探究において課題の設定、情報の収集、整理・分析、まとめ・表現を行う等、<u>教師が子供一人一人に応じた学習活動や学習課題に取り組む機会を提供すること</u>で、子供自身の学習が最適となるよう調整すること

下線は筆者。

　つまり、「個別最適な学び」（個に応じた指導）では、全ての子供が一定の目標を達成することを目指し、学習内容の確実な定着のため、個に応じた「指導の個別化」を図る必要がある。また、一人一人の子供には学習課題や学習活動に違いがあるので、学習をさらに広め深めるため、個に応じた「学習の個性化」を図る必要もある。

　次に、「協働的な学び」について中教審答申『令和の日本型教育』では、探究的な学習や体験活動などを通じて、子供同士や、地域の方々をはじめ多様な他者と協働しながら、あらゆる他者を価値のある存在として尊重し、様々な社会的な変化を乗り越え、持続可能な社会の創り手となることができるよう、必要な資質・能力を育成する「協働的な学び」の充実を図ることを重要としている。これは、集団の中で個が埋没してしまうことのないように子供一人一人の良い点や可能性を生かしながら多様な他者と協働することにより、自分とは異なる様々な考え方と組み合わされ、更によりよい学びへとつながることを意味している。

　中教審答申『令和の日本型教育』では、「主体的・対話的で深い学び」の

実現に向けた授業改善に生かす「協働的な学び」について、以下のような重要性や取組内容を紹介している。

「協働的な学び」の重要性と取組内容

重要性	取組内容
リアルな体験を通じた学びの重要性	・教師と子供の関わり合い ・子供同士の関わり合い ・自分の感覚や行為を通して理解する実習・実験 ・地域社会での体験活動 ・専門家との交流　　　　　　　　　　　　　　など
成長を振り返り将来への展望を培うとともに、自己肯定感を育む上での重要性	・同一学年・学級での学び ・異学年間の学び（学校行事や児童会及び生徒会活動） ・他の学校の子供との学び合い　　　　　　　　など
「協働的な学び」自体を発展させる上での重要性	・ICTの活用により、子供一人一人が自分のペースを大事にしながら共同で作成・編集等を行う活動 ・多様な意見を共有しつつ合意形成を図る活動 ・遠隔地の専門家とつないだ授業 ・他の学校・地域や海外との交流　　　　　　　など

　このように、「協働的な学び」は、これまでの授業の積み重ねを基盤としつつも、新たな授業改善に生かすことのできる可能性を秘めており、より「主体的・対話的で深い学び」の実現に寄与できるのである。

　「個別最適な学び」と「協働的な学び」は、別々に単独で継続して実施するものではない。授業の中で一体的に取り組まれ生かし合うことで、一人一人の子供の良い点や可能性を引き出すことができる。

　つまり、子供自ら見出し設定した課題を「個別最適な学び」やその学びを助ける「協働的な学び」を通して主体的な解決を図るとともに、新たな課題を発見し、更なる解決に向かう過程で、子供の良い点や可能性が発揮されるのである。そこでは、多様な視点からより深く思考し、判断し、表現し続ける探究的な学びが繰り返され、「自律的な学び」につながる資質・能力を育むことになる。

　人に言われるがまま、いつも人が設定した手段や用意された情報の中で、簡単に収集できる定型の活動による学習のみでは、子供一人一人の頭の中が、

実は思考停止の状態に陥っていると言える。この思考停止状態は、同調思考や同調行動による安心感を求める方向に進むことが多いため、自分自身で考え判断し責任をもって行動する力を育むことにつながらない。

　変化の激しいこれからの社会では、教師も子供も、他人とは異なる自分、生きる主体としての自分を自覚し意識し続けることが大切である。教師は、子供一人一人が解決すべき課題を自ら見出し、追究し、集団の中で良さや可能性を発揮し、多様な立場の者と協働的に議論することで納得解を生み出したり、自分事として思考を深め、根拠をもとに判断し、意見や考えを発信したり行動したりできる自律的に学ぶ力を育むことが、責務である。

【注記】
注1　パウロ・フレイレ『被抑圧者の教育学』50周年記念版、三砂ちづる訳、亜紀書房、2018年、170-171頁。
注2　同『被抑圧者の教育学』172-174頁。

【参考文献】
1　中央教育審議会諮問「初等中等教育における教育課程の基準等の在り方について」、2014年。
2　中央教育審議会答申「幼稚園、小学校、中学校、高等学校及び特別支援学校の学習指導要領等の改善及び必要な方策等について」、2016年。
3　文部科学省編「小学校学習指導要領（平成29年告示）解説　総則編」文部科学省、2018年。
4　パウロ・フレイレ『被抑圧者の教育学』50周年記念版、三砂ちづる訳、亜紀書房、2018年。
5　中央教育審議会答申『「令和の日本型学校教育」の構築を目指して〜全ての子供たちの可能性を引き出す、個別最適な学びと、協働的な学びの実現〜』、2021年。

第6章 「社会に開かれた教育課程」と「カリキュラム・マネジメント」

栂澤 実

要点と省察的実践のポイント

①未来の日本を任せる子供たちを育てる責務は、学校、家庭、地域を含む社会全体であることを自覚し、社会に教育課程を開く必要がある。

②「社会に開かれた教育課程」では、目標を共有する、求められる資質・能力を明確にする、地域の人的・物的資源の活用や社会教育との連携を図るという視点が重要である。

③マネジメントは、組織として目的や目的達成のための目標を実現するために必要な行為、運営であることを自覚し、意識する必要がある。

④学校は、子供や家庭、地域の実態を適切に把握し、教育の内容等を教科等横断的な視点で配列する、PDCAサイクルを確立する、人的または物的な体制を確保しつつ、その改善を図りながら推進する必要がある。

⑤毎時間の授業はもとより、単元、学期、学年、学校種を超えて子供に身に付けさせたい資質・能力を育むためのカリキュラム・マネジメントが求められている。

1.「社会に開かれた教育課程」の実現

（1）教育課程を開く意義

「教育課程」という学校教育の現場で用いる教育用語が、なぜ、一般社会に登場することになったのだろうか。このことは、「教育とは何か」を考えることで、認識できる。

目の前の子供は、未来を担う大切な存在である。未来は、先行き不透明で予測が困難と言われている。昨今の世界中の人間に襲いかかっている感染症をはじめ、災害等様々な出来事を考えると不可思議なことが多く、いつ、ど

こで、何が起こるのかを前もって確実に知ることは難しい。だからといって、未知のものに恐れおののき、不安だけを増幅させるばかりでは、たくましく生きる新たな一歩を踏み出すことはできないのである。

　私たちにできることは、どんなことであろうか。少なくとも、私たちには、何が起きようと柔軟に対応できる身構えを準備しておくことは、可能であろう。そして、その身構えが、実は最善の策と言えるのではないだろうか。どんな状況に置かれたとしても、対応する主体の逃げない身構えなくして、解決に向かうことはできない。そのような身構えに大きな影響を与えているのは、人の心の有様であると考える。答え（解決策）はもっていないけれども、状況に応じて（その文脈の中で）対応していくという身構えができていれば、思考停止による自分軸のぶれを避けることはできると考える。しかし、そのような自分であることが簡単ではないことも、認識している。

　したがって、子供には、特に、今次学習指導要領で示された「学びに向かう力、人間性等」を根幹として、「知識及び技能」「思考力、判断力、表現力等」という資質・能力を、子供の実態に応じて、計画的に、しっかりと時間をかけ継続的に、育む必要がある。育まれていく資質・能力は、他人の指示や身の回りの溢れんばかりの情報に右往左往することなく、自律した一人の人間としてたくましく生きていくための基盤となるからである。

　そのためには、日頃から子供が関わる全ての人的・物的な環境等を総動員して子供の教育に取り組むことを、私たち大人は、当たり前のこととして自覚しなければならない。未来の日本を任せる子供を、学校、家庭、地域を含む社会全体で、責任をもって育てる覚悟がなければならない。

　そこで、社会全体で育てるためには、何から着手したらよいのだろうか。まずは、理念や目的、また、実現に向けた方針や目標、取組内容や計画等（教育課程）の編成と実施に向けた関係者全員による**機動的な共通理解**が、必要不可欠である。まさに、教育課程を開く意義が、ここにある。一部の人による他人任せの風潮に流された教育からの脱却を図ることが、重要なのである。

　ところが、自分の子のみならず、他の子もという視点の大切さは理解できても、実行に移すことができる世の中とは言い難い現状を、どのように打開すればよいのだろうか。それは、これまでの知らず知らずのうちに身に付い

た枠組みを社会全体で見直すことであると考える。子供は、物心がついてから、「速くできた」「速く理解できた」「速くたくさん覚えた」等、他者と比べる競争意識にどっぷりと浸かった生活を強いられている。その現状に異議を唱え、凝り固まった意識を変えることが重要である。勝ち抜くためには、将来安泰な（例えば、学歴社会における経済的な安定と言われるような）生活を送るためには、兎に角、人よりも知識を詰め込めるだけ詰め込む、そして、再生するという点数主義による選別教育が、私たちの目指す真の教育ではないはずである。何をするにも、社会全体に蔓延している競争原理、ほんの僅かな違いによる勝ち負け、取る人と取られる人等、このような社会構造が成熟した大人の社会と言えるのだろうか。他者との少しの違いに敏感になり周りに合わせる、一方で、その差を意識し優劣を重視する、権威ある人の言うとおりに絶えず従うという社会構造から差別意識が生まれているとしたなら（筆者は生まれていると考えるが）、一部のもっともらしい発言による民意の反映されないピラミッド構造そのものを疑い、意義ある声を身近なところから、社会全体へと日常的に挙げ、広げ続けていくことが大切である。

　子供一人一人の自立や自律に向けた教育は、どうあるべきなのか、子供一人一人を大切にした教育はどうあるべきかを第一に考え、社会全体で見直す良い機会であると考える。

　詰め込み教育の弊害である、競争主義、批判的に物事を考えられない、人に言われなければ行動できない、皆と同じように行動するという思考停止状態を継続させないためにも、教育課程を開く意義について身近な地域レベルで、これまで以上に議論を重ねていく必要がある。

（2）「社会に開かれた教育課程」とは

　「社会に開かれた教育課程」は、中央教育審議会初等中等教育分科会教育課程企画特別部会（2015）の「論点整理」において登場し、以下のような記述に見ることができる。

　　　　学校は、今を生きる子供たちにとって、現実の社会との関わりの中で、毎日の生活を築き上げていく場であるとともに、未来の社会に向けた準備段階としての場でもある。〔…〕未来の創造を目指す〔…〕

学校の在り方を探究し、新しい学校生活の姿と、求められる教育や授業の姿を描き、教科等の在り方を探究していく。〔…〕学校が社会や地域とのつながりを意識する中で、〔…〕教育課程もまた社会とのつながりを大切にする必要がある。学校がその教育基盤を整えるにあたり、教育課程を介して社会や世界との接点を持つことが、〔…〕一層重要となる。〔…〕社会の変化に目を向け、教育が普遍的に目指す根幹を堅持しつつ、社会の変化を柔軟に受け止めていく「社会に開かれた教育課程」としての役割が期待されている。

　このような「社会に開かれた教育課程」として、中央教育審議会答申「幼稚園、小学校、高等学校及び特別支援学校の学習指導要領の改善及び必要な方策等について」（2016）では、重要な視点として以下の3つを示している。

「社会に開かれた教育課程」における重要な視点

1）社会や世界の状況を幅広く視野に入れ、よりよい学校教育を通じてよりよい社会を創るという目標を持ち、教育課程を介してその目標を社会と共有していくこと
2）これからの社会を創り出していく子供たちが、社会や世界に向き合い関わり合い、自らの人生を切り拓いていくために求められる資質・能力とは何かを、教育課程において明確化し育んでいくこと
3）教育課程の実施に当たって、地域の人的・物的資源を活用したり、放課後や土曜日等を活用した社会教育との連携を図ったりし、学校教育を学校内に閉じずに、その目指すところを社会と共有・連携しながら実現させること

図表は筆者作成。以下同様。

　つまり、これからの教育課程は、学校の中で閉じられた冊子として存在するものを意味していない。今は、社会からの学校教育への期待と学校教育が長年目指してきたものを一致させ、目の前の子供たちにこれからの時代を生きていくために必要な力（資質・能力）とは何かを全ての大人が、学校と社会が、全体として共有し、共に育んでいくことができる好機にあると言える。したがって、今後の社会の変化に目を向け、教育が目指す本来の姿（生きる力を身に付けた自律的な人間）を見失わずに、変化を柔軟に受け止めていく「社会に開かれた教育課程」としての役割をもつことが重要なのである。

2. 目標実現に向けた「カリキュラム・マネジメント」

（1）「カリキュラム・マネジメント」の必要性

　マネジメントとは、「経営」や「管理」、「組織運営」を意味し、広く使用されている言葉である。このマネジメントは、何のために行うのか。それは、組織として目的や目的達成のための目標を実現するために必要な行為、運営のことを言う。

　ここでは、「カリキュラム・マネジメント」であるから、子供の姿や地域の実態、法令等を考慮し、各学校が設定する学校教育目標を実現するために、年度当初に掲げられた方針、重点項目や取組内容等を踏まえ編成された教育課程が、どのように実現されているのかの視点をもってしっかりと運営していくことを意味している。教育課程が、いかに優れたものであったとしても、実行し目標を達成できなければ絵に描いた餅に過ぎない。行為の伴わない言葉の羅列には、何の力もないのである。実行した上で、成果や課題を得るとともに、着手できていない、実現していないことについて把握し、目標達成に向け、改善すべきことについて分析、判断し、新たな取組につなげる行為を継続することがマネジメントである。この行為の継続が、例えば、P（plan）D（do）C（check）A（action）というサイクルである。このサイクルは、何回行うと良いというものではない。しかし、年に1回ということは、その性格上あり得ないし、不断に見直す必要があることは言うまでもない。年に1回では、その年度で改善可能なことも次年度に持ち越すこととなる。

　これからの「カリキュラム・マネジメント」については、「社会に開かれた教育課程」の実現を通して、子供たちに必要な力（資質・能力）を育成するという、今次学習指導要領等の理念を踏まえ、3つの側面から捉えている。

　以下、「小学校学習指導要領（平成29年告示）解説　総則編」から示す。

カリキュラム・マネジメントの3つの側面

1）教育の目的や目標の実現に必要な教育の内容等を教科等横断的な視点で組み立てていくこと（組織的に配列すること）
2）教育課程の実施状況を評価してその改善を図っていくこと（一連のPDCAサイクルを確立すること）

> ３）教育課程の実施に必要な人的又は物的な体制を確保する（人的・物的資源等を、地域等の外部資源も含め活用しながら効果的に組み合わせること）とともにその改善を図っていくこと

　つまり、各学校においては、子供や家庭、地域の実態を適切に把握し上述の３つの側面を通して、教育課程に基づき組織的かつ計画的に各学校の教育活動の質の向上を図っていくことに努める必要がある。留意すべきは、この３つの側面を実施しているから良いということではない。あくまでも目標達成のための手段であることを忘れてはならない。

（２）授業における「カリキュラム・マネジメント」の重要性

　実際の授業において具体的には、子供たちに「何を理解しているか、何ができるのか（「知識・技能」の習得）」「理解していること・できることをどう使うか（「思考力・判断力・表現力等」の育成）」「どのように社会・世界と関わり、よりよい人生を送るか（「学びに向かう力・人間性等」の涵養）」の３つの柱を育む「カリキュラム・マネジメント」が重要である。この資質・能力を育成するために、毎時間の授業はもとより、単元、学期、学年、そして、学校種を超えて、管理職のみならず全ての教職員がその必要性を理解し、日々の授業等についても、教育課程全体の中での位置付けを意識しながら取り組むことが、強く求められているのである。

【参考文献】
1　中央教育審議会初等中等教育分科会教育課程企画特別部会「論点整理」、2015年。
2　中央教育審議会答申「幼稚園、小学校、高等学校及び特別支援学校の学習指導要領の改善及び必要な方策等について」、2016年
3　文部科学省編「小学校学習指導要領（平成29年告示）解説　総則編」文部科学省、2018年

第7章 自律的な学習姿勢の育成と能動的な学習活動

川前あゆみ

要点と省察的実践のポイント

①学習意欲の低下は、主体的に学ぼうとする自律的な学習姿勢の低下と関係している。

②生活環境・社会環境の変化が学習意欲や学習目的意識の低下に与えている影響も大きい。

③生活が活動的でなくなれば、新しいことへの感動や好奇心も低下するため、知的好奇心も低下していく。

④体力の低下は、忍耐力・持久力も低下するため、学習活動での忍耐力・持久力も低下する。

⑤自分の生き方や職業を考えさせながら、進学目的・学習目的を考えさせることが重要である。

⑥安易なネット検索ではなく、目的的な検索をする習慣が求められる。

⑦友人との関係が希薄化すると、不安の方が強くなり、学習意欲は低下していく。

⑧自律的な学習を支えるためには、自律を支える集団的・協働的な支え合いが不可欠である。

⑨能動的な学習活動を行う目的は、子供の主体的・自律的姿勢を転換するためのものである。

⑩自律的・能動的な学習活動を多様な観点を意識しながら、子供の具体的な活動を促していくことが重要である。

⑪能動的な学習活動形態としては、PBL課題解決型プロジェクト学習などの多様な方法がある。

⑫自律性・能動性を高めるためには、一人一人が自律を目指すと共に、それを応援する集団の価値観と雰囲気が重要である。

⑬多様な討論方式を活用しながら討論を発展させることで、協働性も高

　まり、能動的になっていく。

⑭協働的な思考方法を発展させるためには、KJ法などの多様な思考方
　法を協働的に活用することが重要である。

⑮ ICTを惰性的に簡便な方法として用いるのではなく、目的的・探究
　的・協働的に用いることによって、自律的で能動的な学習活動を推進
　することができる。

1. 子供の生活環境の変化と学習意欲低下の社会的背景

（1）学習意欲低下の背景と生活環境の変化との関係性

　急激な社会構造・産業構造の変化と人工知能の出現の中で、子供たちは
様々な社会環境変化に対応していくことが求められている。このような変化
が激しい中では、主体的・能動的に判断すると共に、他者と一緒に柔軟に課
題に対応していく力が求められている。2020年実施の学習指導要領では、知
識を獲得しつつも最終的にはその知識で「何ができるようになるか」を中心
とした資質・能力を提起した。この資質・能力の形成過程では、「より良い
社会を通じてより良い社会を創る」ことを目標としている。すなわち社会か
らの受け身ではなく、社会を創る能動的な立場を育成していくことが求めら
れている。

　一方、子供たちの学習意欲や学習目的意識は必ずしも向上していないこと
は、子供の学習関心・学習意欲に関する様々な意識調査からも明らかとなっ
ている。学習意欲の低下は、同時に自分自身で主体的に学ぼうとする自律的
な学習姿勢が低下していることを意味している。学習活動は、必ずしも楽し
い活動ばかりではないが、自らの学習目的に沿って自らの学習姿勢を律しな
がら、学習活動を継続していくコントロール力が求められる。そのためには、
能動的に関わろうとする動機づけをしていくことが重要である。

　ただし、この学習意欲・学習目的意識の低下は、関心・意欲・態度の全般
的な低下でもあり、直接的な学習活動だけでなく、子供の生活環境・社会環
境や遊び方や人間関係などの大きな社会変化の影響も受けている。これらの
社会変化により、学びに向かう力や人間性などの全体的な学習関心・意欲・
態度が変化していく。

（２）生活環境・社会環境の変化が学習意欲の低下に与える要因

　生活環境・社会環境の変化が子供の学習意欲や学習目的意識の低下に与える影響と要因は次の５点である。

　第１に、子供の生活全体を通じて家事労働や自然遊び・外遊びも減少し、五感や身体的活動を使わなくなったことである。生活全体が活動的であれば、生活の中でも新しいことへの気づきや感動も生まれ、それがさらに新しい好奇心を駆り立てることになる。逆に活動的でなくなれば、新しいことへの感動を求めなくなり、好奇心も低下する。すなわちそれは同時にあらゆる学びに対しても活動的でなくなり知的好奇心も低下することにつながっていく。活動量の低下は、自ら活動することで得られる情報や知恵の吸収力も低下せざるを得ない。

　第２に、屋外運動量が減少し屋内ゲームを中心とした遊びになることで、1980年代から子供の体力が低下したことである。運動する過程では、疲れた気持ちを我慢して続けたりするので、"楽する""楽しい"ことだけではない経験をする。運動量が減少し、体力が低下することは、我慢したり続けたりする経験が減少するので、忍耐力・持久力も低下してくる。忍耐力・持久力が低下すれば、当然学校での勉強も我慢したり続けたりすることができなくなる。

　第３に、少子化の中で高校・大学も入りやすくなり、高校・大学進学の「大衆化」による受験動機や進学目的意識が低下したことである。元々受験による進学機会は、学歴を獲得することで安定した生活を獲得することがねらいであったが、現在は学歴の獲得だけでは安定した生活は獲得できない。また進学は新しい知識を学ぼうとする動機を基盤にしているが、将来の進路の目的が見えないまま進学を選択する傾向も強くなる。すなわち社会変化の中で進学・受験や学習の目的自体が見失われてきている。自分の生き方・将来の職業や進学の目的を考えさせ、それに向かっての学校での学習目的意識を考えさせることが求められる。

　第４に、インターネット等による安易な情報入手によって、探究的な活動をしなくなったことである。知的好奇心は、新たな知識や発見を苦労して調べながら得ることで、達成感や成長感を実感できる。そしてそれを元にして、さらに知りたいという知的好奇心を高めていく。インターネットの検索は瞬

時に簡単に行うことはできるが、「自分で調べた」という実感も高まらない。そのため調べたり思考することは面倒なことと考えてしまう。

　第5に、友人との関係が希薄化・孤立化し、様々な個性・能力を超えた友人等との切磋琢磨や協働的な学び合いができにくくなっていることである。何ごとでも同じであるが、孤立的に活動を進めようとしても、不安の方が強くなり意欲は持続していかない。友人と一緒に協働的な活動をしたり、共感したり励ましたり教え合ったりする中で、学習意欲も継続されていく。一緒にいるだけで潜在的な共感意識・一体感・集団帰属意識が高まり、意欲的になれる。

　このような子供にとってのあらゆる生活環境・生活習慣の悪化の中で、子供の学習意欲・活動意欲も低下する傾向にある。したがって根本的には、子供の生活過程や集団的な仲間関係などを含めて、自律的な学習意欲向上の基盤を検討していくことが求められる。ただその上で意識的に、主体的で能動的な学習活動の機会を提供していき、学習活動自体でも学習意欲が高まるように動機づけを行うことが求められる。

2. 能動的な学習活動の導入と自律的な学習姿勢を支える集団的な関係

（1）能動的な態度・意欲の形成と総合的な学習の導入

　2000年施行の学習指導要領では、「総合的な学習」が提起され、主体的に学ぶことや自分で調べる学習活動の意義が強調された。1990年代までの学習活動としては、いわゆる教科「学力」の得点を高めることを目的とするあまり、教科ごとの知識の暗記を偏重する傾向が強かった。これらの傾向を克服し、知識と知識を自ら組み合わせて思考・判断する資質・能力を高めるために、「総合的な学習」が提起された。

　しかし2003年のOECD学習到達度調査では、日本の順位が大きく下がり、いわゆる「学力低下問題」が大きな課題となった。学力低下問題は社会問題ともなったため、これにより、「総合的な学習」の理念は大きく後退し、結果として高度経済成長期の主流的な学習方式である知識の暗記のみを追求する傾向に逆行していった。2010年施行の学習指導要領では、様々な議論の結果として総合的な学習の時間数は、縮小されることとなった。

　一方、総合的な学習が持っていた理念が消えたわけではなく、安易な教科

知識の暗記に終始する傾向が転換しえない中で、改めて「生きる力」を長期的に育てる必要性と「総合的な学習」で取り組む主体的で探究的な活動を重視する議論が再興していった。そのため2020年施行の学習指導要領では、教科の授業でも能動的な学習活動を採り入れていくと共に、「総合的な学習」による探究的な学習活動の意義が強調された。

　学習指導要領の「総合的な学習」では、特定教科の視点だけでは捉えられない広範な事象を対象にして、実社会・実生活の課題を探究し、自己の生き方を主体的に問い続けることの重要性を指摘している。生き方を問うためには、社会や自然の一員として、何をすべきか、どのようにすべきかを考えるように仕向けていくことが重要であるとしている。また「より良く課題を解決する」ために、自らの知識・技能を総合的に活用して、目前の具体的な課題に粘り強く対処していくことの重要性を指摘している（注１）。

（２）自律的な学習姿勢の育成と自律を支える集団的・協働的な支え合いの条件

　この総合的な学習活動は、探究的な活動を伴うために、個人で探究を進めていくこともできるし、しばしばそれが良いとされたりする。この個人による探究は自律的な資質・能力を求めることと関係しているために、自分自身で自分を律する個別的な活動を推進することが理想的な学習形態であると捉えられやすい。

　しかし一人で自律的に学習活動ができるようになるためには、集団的・協働的な支えがなければ、自律的な学習も発展しないということを前提にしておく必要がある。とりわけ発達過程における子供の場合は、迷いや不安も大きく、孤立した中では前に進むことができなくなるからである。

　すなわち古くから議論される「個と集団」の関係では、個を集団の中で支え合う関係ができて初めて、自律的な個も発展することができる。標語としてしばしば使われる「One for All, All for One（一人は万人のために、万人は一人のために）」も、個と集団の相関関係を指摘したものである。

　しかしこの集団はあくまで支え合い高め合う関係を創ることを前提にしているものであり、集団であれば自律的な思考が発展するものではない。同調圧力だけが強い場合には、集団が自律的に伸びようとする力を抑圧し、また

集団が他人任せになる場合には、「集団浅慮」や「集団無責任」となってしまう。したがって、集団の中で支え合い補い合う関係と同時に高め合う切磋琢磨の競争や役割を付与した関係づくりなどが重要な条件となる。

　指導要領解説「総合的な学習活動」の指導の「配慮事項」としては（注2）、他者との協働的な活動を推進したり情報を共有していくことや、教師が子供の学習状況に応じて適切な指導・支援をすることが明記されている。とりわけ他者とのコミュニケーションを積極的に取ることで、思考力・判断力・表現力や学びに向かう力・人間性なども醸成されるとしている。

3. 自律的で能動的な学習活動の留意点と多様な学習活動形態

（1）能動的な学習活動・授業運営をする上で留意する観点

　すでに述べたように子供の生活全体が能動的でなくなったために、子供の学習意欲も能動的でなくなってきているが、これらを回復する上でも学習活動を能動的に展開できるようにしていくことが求められる。学びの活動は、授業等の学習活動と同時に幅広い活動を含めて捉える必要があるので、ここでは広義の学習活動として捉えている。授業等の学習と日常生活全体を通じた気づきや成長は密接に関連しており、また関連させて学習活動を広げていくことが重要である。能動的な学習活動は子供の状況に合わせて様々な形態と程度を工夫しなければならないために、固定的な授業形態ではない。そのため、能動的な活動の観点と基本的な方法を踏まえておくことが重要である。

　能動的な学習活動の目的は、①受動的姿勢から主体的・自律的姿勢への転換、②教師主導から子供主導授業への転換、③知識のインプットから活用・対応のアウトプット力の育成、④自分の学習活動を自分で工夫・開発する自己教育力の育成、⑤表現活動によるコミュニケーション力と理解力の向上、⑥活動することによる知識の効果的な定着、⑦様々な知識と知識を結びつけて思考する習慣の育成、⑧学んだことを生活・社会に生かす活用力の育成、などである。これらの能動的な学習活動を増やしていくことによって、子供が単に教師の指示に従うだけでなく、自律的に学習活動ができるようにしていくことが重要である。

　教師が留意すべき自律的・能動的な学習活動の具体的観点は表1のような観点が重要である。このような多様な観点を長期にわたって意識し続けてい

くことで、総体として子供の自律性・能動性が高まっていく。

表1 教師が留意すべき自律的・能動的な学習活動の具体的観点

1	最低限の目指すべき自律的・能動的な学習態度や姿勢を伝えているか
2	授業の導入の引きこみにおいて興味関心ある内容等を取り入れているか
3	導入やブレークアウト時間でクイズ等の引き込める時間を導入しているか
4	スピーディに指示する部分と時間をかける部分の区別をしているか
5	教科書を教えるだけでなく子供が教科書を自分で調べたりできているか
6	子供が自分でも作業を進められるワーク資料や課題はあるか
7	授業内容への質問・質疑応答は自由活発にできる雰囲気を作っているか
8	作業を伴うグループワーク・討議の機会を取り入れられているか
9	討議するテーマや論点は明確になっているか
10	討議を相互に活発にする集団間のルールは守られているか
11	指示・説明と活動のバランスを考慮して子供の自律的活動を増やせているか
12	褒めと指示をうまく使いながら自律的な活動を促しているか
13	教えたいことを教えることよりも子供達に考えさせているか
14	発表活動・表現活動をとり入れているか
15	最低限定着すべき単元の基本的な知識・理解部分の確認は行っているか

（2）自律的・能動的な学習活動の多様な教育実践形態

　自律的・能動的な学習活動を典型的に推進した新たな学習活動としては、世界各国で多様な名称と内容が提案されている。日本では自律的・能動的な学習活動として典型的に教育課程に取り入れられているのは「総合的な学習の時間」である。自律的・能動的な学習活動形態として提案されているものとしては、表2のような形態がある。これらの学習形態は、学習活動内容としては相互に関連しあっているが、それぞれの重点の置き方が多様であるために、呼称も多様となっている。

表 2　能動的な学習活動の形態とその特徴

能動的な学習活動の形態	能動的な学習活動の特徴・方法
1　PBL（Project Based Learning）・課題解決型プロジェクト学習	課題解決の仮説や目標を設定し、到達目標に向けて多様な方法を駆使して課題解決を図る。
2　協働学習・共同学習	他者との対話・協力活動を通じて、協働的に課題解決のための学習に取り組んでいく。
3　協調学習	他者・グループ等の対人関係を媒介にしながら、課題解決のための学習に取り組んでいく。
4　ユニット学習	授業内の時間を、対話・記録・説明などのユニット（短い活動）に分けて、学習活動を進めていく。
5　クロスカリキュラム学習	複数の教科・単元にまたがる内容を統一して学習活動を進めていく。
6　マルチレベルティーチング	子供の多様な学習到達度に応じて複数の指導方法を同時に活用しながら学習指導を行う。
7　反転学習	ある程度の基礎的知識を事前に予習し、授業では活動・討論などを中心に学習を進めていく。
8　サービスラーニング	ある知識・技能を社会的活動に生かすことを通じて、その内容や活用方法を深く学習していく。
9　テーマ学習	共通のテーマを設定し、その課題解決に向けた内容・方法を検討していく。
10　LTD（Learning Through Discussion）	ディスカッションを通じて、異なる多面的なものの見方を共有しながら、学習内容を深めていく。

（注 3 ）『カリキュラム研究事典』より筆者作成。

4. 自律性と協働性を媒介にした能動的な学習活動と具体的指導方法

（1）能動的な学習活動において自律性と協働性の両方を媒介にする意義と方法

　すでに述べたように個と集団の関係は、相互規定的に発展するものであり、どちらか一方だけを発展させても学習効果は高まらない。能動的な学習活動はどの形態をみても、集団的な学習活動を媒介にしている。

　知識が単体で存在するのであれば良いが、現実社会に向けた活用的な資質・能力を育成するためには、物事を多面的に捉えたり、異なる表現方法で

表したりすることが不可欠となる。そのためには、一人よりも複数の人の目による多面的で協働性を媒介に見た視点を交換することが重要になる。すなわち協働的な討論をしながら、多面的に検討することが重要になる。

　また能動的な活動をする場合には、一人の能力でできることは限られているために、集団の中で役割分担をしながら、それを集積することで多くの活動をこなすことができる。そのため協業活動の中で役割分担と責任をそれぞれに付与しながら、それを再び集積したり、体系的に捉えることで、協業することが重要になる。これらの協業活動を進めることが協働性である。

　一方、一人一人の資質・能力を高めるためには、自分の中で会得していくことが不可欠である。すなわち集団の中で自分の役割を持たず、他人任せになるような集団無責任になったり、特定個人が集団を仕切るだけで、多くの人が考えなくなってしまうと、集団が個々の資質能力の向上にとってはマイナスになる。したがって自律性・能動性を高めるためには、一人一人が自律することを目指すと共に、集団の中でそれぞれの自律を応援し勇気づける価値観と雰囲気が重要になる。この集団的な協働性の関係を各人が意識することによって、協働性が個人の資質・能力を発展させていくことができる。

（2）能動的な学習活動と協働性を発展させる思考・討論の具体的方法

　能動的な学習活動の中で、協働性を発展させる思考方法としては、次の表3のような討論形態と討論方式の特徴がある。他者・集団との討論を深めることで協働性も高まり、能動的になっていく。

表3　協働的な討論形態と討論方式の特徴

	協働的な討論形態	協働的な討論方式の方法と特徴
1	ペアインタビュー	2人だけで話し合い、必ず相手にインタビューのように尋ねるために、誰もが意見表明に参加できる。
2	バズセッション	6人程の集団で6分程の短い討論時間で討論を繰り返し、それを全体で共有していく。
3	二極対向型ディベート	対立する2項を分けて議論し合う方式で、立場を交代することで両方の立場の意見を取り入れることができる。

4　フリーディスカッション	雑談形式でオープンエンド方式で会話していくために、どこからでも議論することができる。
5　ブレーンストーミング	建設的な立場を前提にして、様々なアイデアを出し合うことで、より良いアイデアを生み出すことができる。
6　LTD（Learning Through Discussion）	多面的なディスカッションを媒介にして、多面的な認識を深めて内容を共有していくことができる。
7　グループエンカウンター	相互に良さを評価したり勇気づけたりしながら、客観的な自分の特徴や意見の意義を認識できる。

　このような協働的な討論をするためには、本来的にはどのような討論の仕方が良いのかも構成員間で率直に出し合い、その構成員の希望を前提にすることによって、協働的な討論に発展できる。この討論方法は、一般的な討論マナーや討論方法はあるものの、その構成員の性格・認識や構成員間の関係性によって異なるために、その構成員の特徴を踏まえながら、学級や班等の構成員間の中で討論原則とルールを決めていくことが望ましい。

　また協働性を発展させる思考方法としては、次の表4のような協働的な思考方法・分析方法がある。これらの協働的な思考方法を通じて多面的な認識を深めることができる。

表4　協働的な思考方法とその特徴

協働的な思考方法	協働的思考方法の特徴と可能性
KJ法	各自が要点・キーワードを抽出し、グルーピングしたり連鎖したりすることで、全体関連構造を認識できる。
キーワード抽出分類再構築	教科書等のキーワードを抜き出し、それを再度体系的に並べ直すことで、固定認識を再構築することができる。
教科間横断的関連項目列挙	学んだキーワードを、他の教科・単元との関連項目を列挙することで、教科横断的認識を広げることができる。
連想マッピング	キーワードを創出し、その関連性を線で結んでいくことで、因果・相関等を意識することができる。

教科書等文章要約交流	各自が要点を要約することで、説明のとらえ方を多面的に抽出することができる。
ホワイトボード見える化	議論したことや要点をホワイトボードで記入して見える化していくことで、共有認識を高めることができる。
ロールプレイ・役割演技	立場や状況をロールプレイで再現することで、状況をリアルにとらえることができる。
基本構造図を用いた構造図化	ピラミッド図・フローチャート図・マトリックス表などの基本構造図を用いることで全体を構造化できる。

　このような協働的な思考方法を通じて、最終的には思考のプロセスを体系的にまとめられるように、協働的に発表することが重要である。プレゼンテーションやポスターセッション等でまとめていくことによって、中核的で重要な知識と派生的な知識を選別したり、項目間の因果や時系列の体系的な流れ等の全体構成をさらに自覚できる。

（3）ICTの目的的・探究的・協働的な活用と能動的な学習活動

　子供たちは日常的にはスマホやゲームによって、探究的な活動や能動的な活動をしなくなっていることはすでに述べた通りである。ICTも日常生活の延長上や娯楽の一環で利用しているだけでは、単なる楽をする道具となり、ICTが受動的姿勢や思考のない学びを助長してしまう。

　一方、このICTを目的的に活用するならば、思考ツールやコミュニケーションツールとして発展させることができる。ICTを単なる日常的なコミュニケーションや受け身的な情報の受け取りだけでなく、意識的に情報を獲得し思考の道具として活用することである。またICTは距離・空間を超えて、地域の様々な素材を獲得し探究的な活動を進めることができる。直接的な現実の探究活動や直接コミュニケーションができない場合にも、ある程度ICTを活用することで、間接的ではあるが探究的な活動を能動的に進めるための道具として意識できれば、多角的な討論や多面的な思考を促す条件となる。

　教室においては例えば、ICTを活用すれば、個々の書いた内容を一斉に同時にディスプレイやストックホルダーに共有することができる。これまで

は個々の思考は、発表しなければ相互に分からないものであったが、チャット方式や全画面共有で、相互に学び合いながら自分の思考を振り返ることができる。またアプリケーションの思考ツールを使えば、簡単に図式化でき、図を構造的に組み合わせることで、全体の構造を捉えることができるようになる。

　さらにICTの遠隔双方向機能を活用すれば、時間と空間を超えて教室から学校以外の人達と連携し、より広範な場所の探究活動を行ったり、学校間・地域間や世界を超えた交流を行ったりできる。これらは確かにバーチャルな交流やコミュニケーションではあるが、個別の調査や交流を目的的に積み重ねていけば、直接的な探究・交流活動を進めることもできる。このようにICTは意識的な探究活動や直接コミュケーションを補うツールとして活用していけば、自律的・能動的な学習活動を促進することができる。すなわちICTの活用の仕方が重要で、惰性的で安易な情報収集にならないようにし、目的的で探究的な活用を追求することではじめて、自律的・能動的な学習活動となる。

【注】
注1　文部科学省『小学校学習指導要領解説　総合的な学習の時間』第2章、2017年。
注2　文部科学省『小学校学習指導要領解説　総合的な学習の時間』第4章、2017年。
注3　クレイグ・クライデル編『カリキュラム研究事典』ミネルヴァ書房、2021年。

【参考文献】
1　クレイク・クライデル編、西岡加名恵・藤本和久・石井英真・田中耕治監訳『カリキュラム研究事典』ミネルヴァ書房、2021年。
2　川喜田二郎著『続・発想法―KJ法の展開と応用』中央公論新社、1970年。
3　新井郁男・天笠茂編『学習の総合化を目指す　ティーム・ティーチング事典』教育出版、1999年。
4　吉本均編『教授学―重要用語300の基礎知識』明治図書、1981年。
5　恒吉宏典・深沢広明編『授業研究―重要用語300の基礎知識』明治図書、1999年。
6　教育の未来を研究する会編『最新教育動向2022―必ず押さえておきたい時事ワード60＆視点120』明治図書、2021年。
7　日本教育経営学会編『[講座現代の教育経営5] 教育経営ハンドブック』学文社、2018年。

III

学級集団づくりを育む
教師の協働的学級経営力

協働的な学級集団づくりと協働的な学級経営指導力

第 **8** 章

棡澤　実

要点と省察的実践のポイント

①学級は、協働的な集団であること。そのためには協働的な学級経営が
　必要である。

②本来「みんなで分かち合い、むやみな争いのない、相手を思いやり、
　助け合い」が、学校生活や社会生活の基本である。

③学校教育は、一人一人を大切した社会創りの基盤となる協働的な学級
　集団づくりに努める必要がある。

④協働的な学級集団づくりには、目指す協働的な学級集団の特徴や留意
　点を基に、意図的、計画的、継続的に学級経営に当たる必要がある。

⑤教師は日常的に協働性を高めるとともに、子供や家庭、地域がその雰
　囲気を感じることのできる集団となる必要がある。

⑥日常的な教師同士の協働性を高め合う雰囲気づくりが、重要である。

⑦学級経営における指導の効果は、教師と子供、子供同士の信頼関係の
　構築により高められる。

⑧教師の子供への指導は、親近感をもって受け止められなければ、指導
　の効果が減退する。

---

1. 協働的である必要性

（1）協働の対義語

　これからの教育には、特に「協働的な学び」や「協働的な集団づくり」が
大切であるという認識から、「協働」あるいは「協働的」の意味することに
価値を見出していることは、明らかである。辞書によると、「協働」とは、
同じ目的のために、対等な立場で協力して共に作業したり働いたりする活動

を意味する。類語には、協調や提携、連携、協力、相互などがあり、関連語として、支え合う、補い合う、助け合う、一丸となるなどがある。一方、「協働」の対義語としては、「対立」などがあり、2つのものが反対の立場にあり、互いに相手に勝とうとして争うことを意味する。類語には、相反、競合、敵対、対抗、対決などがある。関連語として、矛盾、緊張関係、すれ違い、反目し合う、仲違いなどがある。これをまとめると、次のようになる。

「協働」と「対立」の類語、関連語

	「協働」	「対立」
意味	同じ目的のために、対等な立場で協力して共に作業したり働いたりする活動のこと	対立する2つのものが反対の立場に立ち、互いに相手に勝とうとして争うこと
類語	協調、提携、連携、協力、相互　　　　　　　　　　　　　　など	相反、競合、敵対、対抗、対決　　　　　　　　　　　　　　など
関連語	支え合う、補い合う、助け合う、一丸となる　　　　　　　　など	矛盾、緊張関係、すれ違い、反目し合う、仲違い　　　　　　など

図表は筆者作成。以下同様。

このような意味や類語、関連語から考えても、学級は協働的な集団であること、そして、そのための協働的な学級経営が大切であることは、理解できる。学級が、絶えず相手に勝とうとして争う、競合や対抗、緊張関係や反目し合う人間関係では、居心地の悪い安心できない場、何事にも意欲的に取り組むこととはほど遠い場になってしまう。そのような場は、子供の自律とは無縁であると言わざるを得ない。

（2）学校は「分かち合い、思いやり、助け合い」が基本

本来、私たちは、遡ること縄文時代を例にすると、自然と調和しながら自然の豊かなめぐみを大切に取り入れた狩猟、採集による自給自足の暮らしをしていたのである。そこでは、自然環境に寄り添うとともに、一部の人間が所有するのではなく、「みんなで分かち合い、争いのない、相手を思いやり、助け合い」を基本とした社会であったと言われている。

戻って、現代の私たちの生活状況を振り返ってみる。第6章1の（1）で

も少し触れたが、子供は、物心がついた時期から、競争や比較に溢れた生活を強いられているのではないだろうか。他の子供と比べて、立ち歩きが早い遅い、言葉を発するのが早い遅い、同じ年齢なのに知識が多い少ないから始まり、学校ではテストの点数による優劣が溢れかえっている。テレビでは、より早くより多く答えることで勝ち上がっていくクイズ番組、ゲーム番組が多い。そして、クリアーできると賞金がもらえるなど挙げるときりがない。全てが悪とは言えないが、そこには、自ずと勝者と敗者、教える人と教えられる人、権力のある人と服従する人、命令する人とされる人といった上意下達の人間関係、この二極化した構図がたくさん見えてくる。いつのまにか、私たちは、このような比較や競争原理の中での生活を強いられている。上下関係による統制を当たり前とする生活に慣れてしまっているのではないだろうか。客観的に見ると、この二極化の構図は、知らず知らずのうちに、家庭のみならず、学校や地域、社会の構造にも見え隠れする。大人同士の関係も必要以上にプライベートを重視した干渉しない生活が後押しとなり、事実、このような関係では、協働、協調、提携、連携、協力とはほど遠い環境にあると考える。

　私たちは、本来の「みんなで分かち合い、争いのない、相手を思いやり、助け合い」を基本とし、子供一人一人を大切にした社会の基盤創りのため、学校教育は、協働的学級経営力を身に付けた教師による協働的な学びのできる学級集団づくりに努めることが、重要である。

2. 協働的な学級集団づくりに必要な教師の協働的な学級経営指導力

（1）協働的な学級集団の特徴

　協働的な学級集団づくりに取り組むためには、目指す協働的な学級集団の特徴を具体的にイメージできなければならない。協働的な学級集団の特徴としては、以下のようなものがある。

協働的な学級集団の特徴

1）一つの目標に向かって「～したい」という意欲をもつ
2）一人一人が、自分の考えをもち関わる
3）一人一人が役割と責任を果たすことによる成長と全体としての効果を期待

する
4 ）相手よりも有利になる上下や優劣等の序列ではなく、対等な立場で補完、協力し合い成果を分かち合う
5 ）思いやりと助け合いを基盤とした開放的な雰囲気がある
6 ）企画段階から批判的に考えを出し合い改善策を練る
7 ）力を合わせた共同作業により、相乗効果が見られる
8 ）多様な情報収集、多様な視点からの多様な交流による学びから新たな知を創出する

　教師が、協働的な学級集団の特徴をしっかりとイメージできていなければ、具体策をもって学級経営に当たることはできない。これらの特徴をあらゆる学級活動に反映させていくことが大切である。

（2）協働的な学級集団づくり

　教師は、協働的な学級集団づくりのため、以下の点に留意する必要がある。

協働的な学級づくりのための留意点と内容

留意点	内　容
1 ）子供たちに「協働的」な意義の込められた、目指す学級目標の明確化を図ること	なぜこのような目標にしたのかの理由を学年の発達段階に応じて教師が語り理解してもらう
2 ）目標に向かって、学習や学校行事の活動、仲間との関わりを通して、どのような資質・能力を身に付けていく必要があるのかの理解を図ること	身に付けたい資質・能力や取組の具体的なイメージをもたせるために、学年の発達段階に応じて、教師が丁寧に説明をする
3 ）振り返り（省察）を定期的に行うことで、成果と課題の明確化を図ること	学習では、学期ごとや年間を通して主体的・対話的で深い学びを可能とする自律的・協働的な学びや、仲間との協力による様々な活動、自分を振り返り（省察し）何がわかりできるようになったのか、これから改善に向け取り組むことは何か等を、子供自身が自覚し意識し続けながら、自分の生き方を見つめるようにする

　このようなことに留意して、子供たちに理解してもらうことにより、教師のみならず、子供たちも取組の見通しをもつことができる。その上で、意図

的、計画的に実行できるよう教師は、上記3）について、段階的な具体的実践をしていく必要がある。その際、教師は権威を振りかざし、子供たちに威圧的、強制的に指導することがないよう、特に注意しなければならない。

　日常的に、教師は、その特性として模範性を有している。公に多大な責任と役割を担っているのである。したがって、一部の教師ではなく、教師集団として範を示す姿が大切であり、日常的に教師同士の協働性を高めるとともに、子供や家庭、地域がその雰囲気を感じることのできる集団となる必要がある。そのためには、教師同士で協働性を高め合う雰囲気づくりに配慮することが大切であり、玉井康之氏は以下の12点を指摘しているので、紹介する（注1）。

協働性を高め合う雰囲気づくりの心がけ

> 1）協働することの重要性を呼びかける
> 2）協働するための具体策を個別に提案してもらう
> 3）勇気づけて鼓舞する
> 4）個々人の前進した達成度を評価する
> 5）やるべきことを呼びかけ勧誘する
> 6）単なる命令ではなく信望で惹きつける
> 7）示唆してその人自身が決定するのを助ける
> 8）支配より誘導を心がける
> 9）相手に要望する前に自分自身の行為を告げる
> 10）意見が多様にある事柄に関しては討議する
> 11）親しみのある話し方をする
> 12）チームに責任を分割する

玉井康之・川前あゆみ・棚澤実著『学級経営の基盤を創る5つの観点と15の方策』学事出版、2020年、147頁より筆者抜粋（以下同様）。

　よりよい合意形成と向上のために、建設的な批判や助言を受け入れることは、協働性を高めることにつながる。単に形式的な議論でもなく、排他的攻撃的な批判でもなく、建設的な批判や助言をすることが相互に認められれば個々の教員の技能や発想も広がっていく。教師も省察しながら改善しようとすることで、他者への批判や助言も、言われた他者は真摯に受け止めて、そのことがまた協働性を高める条件となるのであると、玉井氏は言う（注2）。

　このように、子供自身が協働的に学ぶ学級集団となるためには、教師が日常的に協働性を高める実践を通して学ぶ教師集団でなければならないのであ

る。

（3）信頼関係の構築と学級経営指導力

　学級経営における指導の効果は、教師と子供、子供同士の信頼関係の構築が重要な要素となる。教師の考え方や言動一致の行動などは、隠れたカリキュラムとして子供に多大な影響を与える。子供はその全体像を見て、教師の人間性を判断する。したがって、子供に対して寄せる愛情や、問題のある子供の行動への一貫した姿勢などが、模範性をもっており、教師への信頼感をつくるとともに、子供同士の関係づくりへの条件にもなる。

　玉井氏は、教師は指導すること自体が職務の目的であるが、形式的な指導では子供に見抜かれてしまう。学級経営における指導力は、教師が意欲的に子供との良好な人間関係を構築しているかどうかで見ているので、教師の子供への指導が親近感をもって受け止められなければ、指導の効力は減退すると述べ、授業内外で次のようなことに心がけ指導する必要があると言う（注3）。

教師の指導に子供が親近感を感じる観点と具体的内容

教師の指導に子供が親近感を感じる観点	親近感を感じるための具体的行動の内容と教師効果
1）アドバイス頻度の多さ	気付いた時点でアドバイスしていると、支えてもらっているという安心感が高まる。
2）気付いた時点での注意・叱りと留意点	気付いたら注意することを最初に宣言しておくと、言われる方は気が楽になり、受け入れられやすい
3）日常的コミュニケーションの頻度の多さ	日常的コミュニケーションを取ろうとする教員は、自分を理解してくれているという評価につながる。
4）学級活動の意義と良さを一貫して語ること	学校活動・学級活動の良さや目指すべき夢を語る教師は、子供たちの自信・誇りや目標を高めていく。
5）授業や学級経営等で見せる新しい工夫	新しいことや工夫を取り入れたり、提案したりすることでその教員の前向きな意欲が見えてくる。

同『学級経営の基盤を創る5つの観点と15の方策』153頁より筆者抜粋。

　教師の意欲・姿勢等が子供にも模範学習として影響する。単に行動の結果ではなく、どのような意欲・姿勢をもって推進しているのかの教師としての方向性が問われているのである。

　人間は協働的な集団の中で承認されることが、集団への帰属意識や意欲を高めることになる。したがって、教師は、一人一人の子供に役割の意義や役割分担を相互理解に基づき確かめ合うことのできる指導が重要である。これにより、子供は集団の中での必要感や役割貢献度を高め、信頼関係に基づく集団的な機能と力を発揮することができるのである。特に、子供は、自らが期待されているという自覚とお互いの存在を認め合い、切磋琢磨する雰囲気を大切にした教師の指導により、集団の中での居場所を実感し、更に自ら協働的な行動力や意欲を高めていくことができる。このとき、集団は、単純な競争や対抗による排他的意識とは無縁の居場所となり、あえて言及すると、一人一人の差はあれども、それを認めつつ集団としての自分の役割を高めていこうとする競争となるのである。

【注記】
注1　玉井康之・川前あゆみ・楜澤実著『学級経営の基盤を創る5つの観点と15の方策』学事出版、2020年、147頁。
注2　同『学級経営の基盤を創る5つの観点と15の方策』147-148頁。
注3　同『学級経営の基盤を創る5つの観点と15の方策』153頁。

【参考文献】
1　玉井康之・川前あゆみ・楜澤実著『学級経営の基盤を創る5つの観点と15の方策』学事出版、2020年。

第 **9** 章 道徳性の発達を生かした
学級経営指導力

梶澤　実

要点と省察的実践のポイント

①学校の道徳教育は、「特別の教科 道徳」を要に学校の教育活動全体を
　通じて行うものである。
②道徳科も教育活動全体を通じて行う道徳教育も、道徳性を養うことが
　目標であることを自覚し意識する必要がある。
③学級経営の基盤は、「生きる力」の根幹となる、人としてよりよく生
　きるための人格特性を養うことである。
④道徳教育も学級経営も全教育活動を通して行い、「生きる力」の基盤
　となる人格形成に欠かせない「道徳性」を養うことを根幹に据えてい
　る。
⑤子供一人一人の道徳性に関わる状況や実態を理解する一つの方法とし
　て道徳性の発達理論を活用することは、有効である。
⑥道徳性発達の特徴を理解することで、子供の実態把握や指導に寄与で
　きるが、それは一人一人にレッテルを貼り価値付ける（評価だけす
　る）ものではないことに留意する必要がある。
⑦道徳性の発達段階は、道徳科をはじめ、他教科等の授業づくりや、学
　級における良好な人間関係づくりにも生かすことができる。

1. 道徳教育の目標と学級経営

（1）道徳性を養う学校における道徳教育

　小学校学習指導要領一部改正の告示「第1章総則　第1教育課程編成の一
般方針の2」より、学校における道徳教育は、「特別の教科 道徳」を要に学
校の教育活動全体を通じて行うものであると示されている。つまり、道徳科、
各教科、外国語活動、総合的な学習の時間及び特別活動のそれぞれの特質に

応じて、児童の発達段階を考慮して、適切な指導を行うのである。

　道徳教育（道徳科、全教育活動を通して行う道徳教育）の目標は、自己の生き方を考え、主体的な判断の下に行動し、自立した人間として他者と共によりよく生きるための基盤となる**道徳性を養うこと**である。

　道徳性とは何か。それは、よりよく生きるための基盤となるものであり、人としてよりよく生きようとする行為を生み出す人格特性であり、人格の基盤をなす人間らしいよさである。したがって、道徳性は、徐々に、しかも着実に養われることによって、潜在的、持続的な作用を行為や人格に及ぼすものであるので、長期的展望と綿密な計画に基づき丹念な指導により養われていくものなのである。

　道徳性を構成する諸様相としては、道徳的判断力、道徳的心情、道徳的実践意欲と態度があり、具体については、『小学校学習指導要領（平成29年告示）解説　特別の教科　道徳編』より抜粋し、以下に示す（注1）。

道徳性を構成する諸様相

道徳性を構成する諸様相	具体
道徳的判断力	善悪を判断する能力、人間としてどのように対処することが望まれるかを判断する力
道徳的心情	価値の大切さを感じ取り、善を行うことを喜び、悪を憎む感情、道徳的行為への動機として強く作用するもの
道徳的実践意欲と態度	道徳的判断力や道徳的心情によって価値があるとされた行動をとろうとする傾向性のこと 道徳的判断や道徳的心情を基盤とし道徳的価値を実現しようとする意志の働きが道徳的実践意欲、それらに裏付けられた具体的な道徳的行為への身構えが道徳的態度

図表は筆者作成。以下同様。

　道徳性の諸様相は、一人一人の児童が道徳的価値を自覚し、自己の生き方についての考えを深め、日常生活や今後出会うであろう様々な場面、状況において、道徳的価値を実現するための適切な行為を主体的に選択し、実践することができるような内面的資質を意味している（注2）。

（2）学級経営とは

　学級経営は、担任である教師が、自身の視点のみによる独断で行うものではない。学校として目指す、子供像に近付くよう、学校経営や学年経営を踏まえた学級経営であることの理解が大切である。この学級経営の定義については様々あるが、ここでは、「担任が、方針を定め、学級の教育条件や組織を整えて、目的（学校の教育目標）の達成のために行う継続的な教育活動の全て」としておく。教育の目的は、究極的には人格の完成を目指して行われるもの（教育基本法）である。それは、今次学習指導要領でも引き継がれた理念としての「生きる力」の根幹となる、人としてよりよく生きるための人格特性を養うことを基盤に据える必要がある。したがって、その人格特性とは、一人一人の生き方に関わる思想的で道徳的なものと言える。

（3）道徳教育と学級経営の密接な関わり

　道徳教育と学級経営には、どのような関わりがあるのだろうか。この関係を考えるために、精神療法医で、心理学者であるＶ・Ｅ・フランクルの考え方から迫っていくことにする。

　フランクルは、人間を外から内へ「身体」「心理」「精神」という３層からなる存在と考えている。この点について、安彦忠彦氏は、著書である『「コンピテンシー・ベース」を超える授業づくり』の中で、図を基にわかりやすく説明している。その一部を引用する（注３）。

　　　「人格形成」が全体で、「学力形成」は部分だ〔…〕精神医学者Ｖ・Ｅ・フランクルは、人間を外から内へ、「身体」「心理」「精神」の三層から成る存在と考えました。〔…〕「人格」は広義には全体を指すとともに、狭義にはその中核に位置する「精神的主体」を指すものであり、他の「心理」と「身体」はそれによって支配される「道具的客体」と見なされます。つまり、「身体・心理」に関わる「能力」、ひいてはその一部である「学力」は、「精神的主体」たる「人格」によっていかようにも用いられる「手段」なのである。

　さらに、安彦氏はカント的意味において「人格」について、同著書で、以

下のように説明している（注4）。

　　　　「人格」は主体・目的であり、「能力」「学力」は客体・手段だと位
　　　置づけることが重要だと考えます。能力・学力は手段視できますが、
　　　人間人格を、けっして何かの、また誰かの手段視してはならないとい
　　　うことです。この意味で「人格形成」は「主体形成」であり、「学力
　　　形成」は「手段形成」に過ぎない。いくら手段を優れたものにしても、
　　　それを使う主体・人格が優れていなければ、社会的には正しく生かさ
　　　れない、ということを強調したいのです。

　言葉が巧みでコミュニケーション能力も高い、ある部分における専門的な
知識も豊富だけれども、性根が腐っており、他人からお金を騙し取る手段と
して、それらの「能力」や「知識」等を活用する人間が、残念ながら出現す
ることにもつながる場合もある。やはり、「精神的主体」たる「人格」の形
成を根幹に据えた教育をしっかりと行っていくことが大切である。
　つまり、道徳教育も学級経営も**全教育活動を通して行う**ものであり、共に
「生きる力」の基盤となる、人格の形成に欠かせない「道徳性」を養うこと
が根幹にあるという点で、密接に関わっていることが理解できる。ならば、
道徳教育で育む道徳性を学級経営に、どのように生かしていけばよいのだろ
うか。

2. 学級経営に生かす道徳性の認知発達理論

（1）道徳性の認知発達理論

　道徳性の発達に関わっては、例えば、小学校の場合、前回の学習指導要領
（2008）では、第1章第2節「道徳教育の基本的な在り方」の2「道徳性の
発達と道徳教育」で、低、中、高学年ごとに詳細に記述されている。その道
徳性の実態把握の方法は、多様であるが、子供一人一人の道徳性に関わる状
況や実態を理解する一つの方法として（これのみに固執するということでは
なく）、道徳性の発達理論を活用することは、有効であると考える。そこで、
道徳性の発達理論の概要について、荒木紀幸氏の著書『続　道徳教育はこう
すればおもしろい』より紹介する。

　道徳性の発達理論の提唱者であるローレンス・コールバーグは、道徳性が発達するとは、道徳的な判断や推論、つまり道徳的認識（公正や正義）の見方、考え方が変化することだという。同じ行為であっても、なぜそれが正しいのか、よいことなのかについて、その理由を道徳性の発達という観点から分析するとまったく違うというのである。コールバーグは、道徳性のありようが道徳判断の質の違いとなって発達的に変化して現れるという認知構造の質的変化から説明している。したがって、認知発達理論ともいう。この理論は哲学的基礎をデューイ理論に、心理学的基礎をピアジェ理論に置いており、道徳性は、認知能力と役割取得能力の発達と結びついて発達すると仮定する（注５）。荒木氏は、この理論を受けて、道徳教育の目標は、子どもの道徳性を子供の達している段階よりも高めることであるとし、その上で、子供の道徳性をどのように発達させるかという方法に関して、発達を促す認知能力と役割取得能力の関係を道徳性の発達と構造として、以下のようにまとめている（注６）。

道徳性の発達と構造（荒木、1990）

年　齢	認　知　能　力	道　徳　性　の　発　達			役　割　取　得　能　力
		水　準	段　階		
大人 高校生 中学生 小学生	形式的操作	III 慣習以降の自律的，原理的原則水準	6	普遍的，原理的原則	社会，慣習システム
			5	社会契約，法律の尊重	
		II 慣習的水準	4	法と社会秩序の維持	
	具体的操作（可逆的）		3	他者への同調，よい子志向	相　互　的
		I 前慣習的水準	2	道具的互恵，快楽主義	自己内省的
			1	罰回避，従順志向	主観的
	前概念的操作		0	自己欲求希求志向	自己中心的

荒木紀幸編著『続　道徳教育はこうすればおもしろい―コールバーグ理論の発展とモラルジレンマ授業』北大路書房、1997年、128頁より筆者抜粋。

　認知能力と役割取得能力の概要については、以下の通りである（注７）。

認知能力と役割取得能力の概要

認知能力	認知能力は、世界を知り、自分と世界との間の適応をはかる（均衡化）知的な能力であり、認知的な発達は、自分と世界との間に生じた矛盾や疑問、混乱、不整合といった不均衡な状態を子ども自らが行なう自己調整によって解消することにより達せられる。
役割取得能力	相手の立場に立って心情をおしはかり、自分の考えや気持ちと同等に他者の考えや気持ちを受け入れ、調整し、対人交渉に生かす能力をいう。このなかには、①自他の観点の違いを認識すること、②他者の感情や思考などの内的特性を推論すること、③さらに、それに基づいて自分の役割行動を決定することの3つの機能が含まれている。

同『続　道徳教育はこうすればおもしろい―コールバーグ理論の発展とモラルジレンマ授業』128-131頁より筆者抜粋し作成。

　コールバーグは、様々な批判を受けながら彼自身も理論修正を加えているが、日本を含めた世界各地における調査結果から、普遍的に同じような認知的発達の段階構造をもっていることが認識されており、発達段階については、第6段階までであるが、多くの研究結果等から、日本では小・中学生が、第4段階くらいまで発達すると捉えられている。したがって、この段階構造の特徴を有効活用していくことは、一つの方法として大変意義のあることと考える。

（2）発達段階の特徴

　ここでは、前掲の**道徳性の発達と構造**のうち、前慣習的水準の段階1と段階2、慣習的水準の段階3と段階4までの道徳性発達の特徴を簡単にまとめ、提示する（注8）。

各段階の道徳性発達の特徴

水準	各段階	志向	特徴
前慣習的水準	段階1	罰回避従順	「大人の言われた通りにすることが、正しいこと」 ○善は報われ、悪は罰せられる ○大人を道徳の唯一の根源とし、大人が命じることをすることが正しい ○心の中に、二つのことを同時にもつことができない

	段階2	道具的 互恵主義	「私がそれをしたら、どんな得があるの」 ○正しい行為は、自分自身の考えに従うこと ○正しい行為は、人がした通りのことを（善悪いずれも）人々にすること ○大変具体的な外面世界
慣習的水準	段階3	よい子	「素敵な人とは、期待に叶うりっぱな行動ができる人」 ○自分が人からして欲しいことを他人にもすること ○正しい行為とは、他の仲間の幸福をも追求すること ○自己価値感情をもつために、他の人の承認が必要
	段階4	法や 社会秩序	「みんなが、それをすると　どうなるだろうか」 ○正しさの基準は、社会秩序や法律を守ること ○正しいことは、社会に貢献し、義務を果たすこと ○最高の使命は、責任感をもつこと

同『続　道徳教育はこうすればおもしろい―コールバーグ理論の発展とモラルジレンマ授業』135-149頁、トーマス・リコーナ著、三浦正訳『リコーナ博士の子育て入門―道徳的自立をめざして』慶応義塾大学出版会、1988年、117-229頁を参考に筆者作成。

　段階1の「罰回避、従順志向」は、大人の決めたきまりや権威に、素直に従うという特徴である。正しさは、権威者である大人や教師、両親であるとし、先生や親から叱られないように大人の言うとおりに行動することを意味する。

　段階2の「道具的互恵主義志向」は、子どもは親や先生、友達等の関係において、お互いの利益になることを正しさと捉える特徴をもつ。したがって、ギブアンドテイクの関係と言われる。

　段階3の「よい子志向」は、周りの人が自分をどう見ているのか、期待していることは何かが、正しさの基準となる特徴をもつ。よい人間関係を保ち、他人に気を配り、期待にあった行動をとることが信頼を得て、人間としての「よい子」のイメージとなる。内面化された良心が形成されてくる時期でもある。

　段階4の「法や社会秩序志向」は、個人的な人間関係から社会的な組織の中で、あるいは法や社会秩序の中で生活するにはどうあるべきかを考え守ることが正しさの基準となる特徴をもつ。国や地域社会に積極的に貢献し、きまりに従い義務や役割を果たすことで、社会的な責任を取ることを考え行動することを大切にする時期と言える。

　このような道徳性の発達段階をどのように活用するのかについては、留意

が必要である。つまり、段階が上だから優れている、下だから劣っているということではないのである。道徳性の発達は他人との競争ではなく、過程である。教育的な取組を行う上で、子供一人一人が、継続していくどのような過程のどのような考え方をしているのかを理解し、その実態に配慮した効果的な実践をしていくことは、教育として当然のことである。したがって、一人一人にレッテルを貼り価値付ける（評価だけする）ためのものではないと、心しておくことが大切である。

（3）道徳性の発達段階の特徴を学級経営へ生かす

　教師による日常的な子供との会話や観察、ノートなどの記述内容、質問紙による調査、面接等、多様な方法による道徳性の実態の理解は、指導改善に生かす手がかりとなる。したがって、道徳性の発達段階を生かした実践は、指導改善に生かす一つの方法として有効活用できると考える。具体的には、道徳科をはじめとして、他教科等における授業づくりや、見えないカリキュラム（潜在的カリキュラム）として影響を与える学級における良好な人間関係づくりにも生かすことが可能である。

　特に、良好な人間関係づくりについては、学級経営上必要不可欠な教師と子供、子供同士の関係づくりで、生かせることが多い。教師は、子供が、道徳的なものの見方や考え方を自身で形成できるようにするには、また、最善の実践や自分が正しいと考えることを実行できるようにするには、どのようなアプローチが取れるのかという視点で、道徳性の発達段階の特徴から具体策につなげていくことができる。

　紙面の都合上、詳細については拙著（2015）に譲るが、ここでは前慣習的水準の段階2を例に、説明する。段階2は「道具的互恵主義志向」であり、その特徴から、ギブアンドテイクの関係である。以下、その特徴について、より具体的に示す。

段階2の特徴とその具体

特徴	具体
正しい行為は、自分自身の考えに従うこと	正しい行為とは、大人の決めた決まりに従うことだけではなく、それ以外のこともあると理解する。良いきまりは人々の見解を取り入れているもので、さらに、人々は自分にとって最善であると考えることが実行できなければならないと考える（もちろん部分的にしか有効でない善悪の観念であり、全体的なものではない）。この論理は、「自分のことは自分でせよ」という原理につながり、人はそれぞれが正しいこととは何かについての、その人自身の考えをもっているのだから、みんなは自分のしたいことをする権利をもつべきである。つまり、子供も人間であり、親と同じように「権利」をもっていると考える特徴がある。
正しい行為は、人がした通りのことを（善悪いずれも）人々にすること	この段階の子供は、道徳面での平等感情を正しい取引きの過程、それは、お返しの過程とみる傾向にある。つまり、誰かが私に何かをしてくれたので、私はその人に何かをしようとする利己主義が前面におどり出てくるような、お返しの公正観念をもつという特徴がある。とくに、衝突する場面では、「私がそれをして何の得になるのか」という動機を、あからさまにすることがある。段階2のお返しの公正観念のもつ軽薄な面は、「相手と同じやり方でやりかえせ」「人がした通りのことを人々にせよ」という厳密な報復の信念（目には目を）である。しかし、この段階の正義観念が、人に卑劣なことをする人たちにお返しできるという否定的なお返しを確信しているが、一方で、人に良いことをする人々に返礼するという肯定的なお返し（肯定的な公正観念）も確信していることが段階1の思考とは異なる特徴と言える。このお返しの公正観念は、平等に対する熱意の表れで対等交換を意味している。しかも、先のことを読めないので、事態が今すぐ平等化されることを望んでいる。
大変具体的な外面世界	段階2は、具体的な動作と反作用、やりとり、商売と取引等でいっぱいである。そして、これは、外面的な世界であって、内面的な世界ではない。この段階では、自分たちが有害であると認めることをしない限り、自分の行為は、誰の感情も損ねてはいないものであると考える傾向がある。例えば、子供がしきりに嘘をつく一つの理由は、嘘をつくことがいかに感情を損ねるものとなるかを理解できていないからである。この年代で、よく子供同士が互いに浴びせ合うあらゆる悪口や侮辱は、段階2のがむしゃらな主張と、感情という内面的な世界への関心の欠如からもたらされるものである。その一つの証拠に、子供は、自分が悪口を言われるのを好まないのに、自分がやっつけているときにもたらしている、他人の傷つけられた感情を理解していないことがある。

　このような特徴を生かした指導の例を以下に示す（注9）。

＜例＞　「前に、ぼくの頭を叩いたよ」

A君は、目立ちたがり屋で、何事にも自分が、一番でないと気の済まない性格の小学2年生男子。生活科の時間に、グループで町探検の計画を立てていた時のこと、リーダーの決め方で怒ったA君が、隣に座っていたB君の頭をげんこつで叩いた。その場面を見ていた担任の先生が、声をかけた。

T「Aくん、叩くのは良くないよ。なぜ、叩いたの」
A「だって、B君は、ぼくがリーダーになることに反対するんだもの」
T「反対したら、叩いていいの」
A「だって、前にB君は、ぼくの話に怒ってぼくの頭を叩いたことがあるから、叩いたんだよ」
Tは、AくんとBくんを見て、
T「そんなことがあったの？」
AくんとBくんは沈黙

T「自分の考えが通らないとき、相手を叩くと解決できるのかな？」
A「……」
B「……」
T「Bくん、Aくんに叩かれてどんな気持ちだったかな？」
B「どうして、叩くの。やめてと……」
T「そうですか。では、Aくん、前にBくんに叩かれたとき、どんなきもちだった」
A「同じです。どうして叩くのって……気持ち」
T「そういう嫌な気持ちしか残らないよね」

T「お互いに怒って叩いたりして、解決できるのかな？」
A「できない」
B「うん」
T「では、お互いに叩いたことを謝ってください」
A「ごめんね」
B「いいよ。ぼくも叩いてごめんね」……

《解説》

相手と同じやり方でやり返すという行為（厳密な報復の信念）は、この段階2の特徴である。このような思考は、兄弟や仲間との人間関係に衝撃を与える。この段階で子供は、なぜ多くの喧嘩になるのか。その理由の一つに、子供は、何も大目に見ることができないというものがある。全てのことにお返しをしなければならないという思考である。しかし、段階2は、人に良いことをする人々に御礼することも確信しているので、この肯定的な公正観念を役立てることも大切で、有効な手段の一つとなる。

《対応のポイント》　"やられたらやり返すでは、解決にならない。みんなの考えを"

そこで、先生は、お互いにやられたらやり返すという機械的な行為では、怒りだけが生まれ、問題の解決にならないことを話し、その後、解決方法の一つとして、Aくん、Bくんを含めたグループのみんな（G）に次のように提案をした。

T「グループのリーダーは、誰でもできるんだよ。でも、リーダーに大切なことの一つは、みんなの考えや意見を聞いて、行動できることです」
G「はい」
T「いつも、同じ人の意見や考えだけが取り入れられて、他の人の考えが無視されているようなグループでは、良いグループと言えません」
G「はい」
T「もちろん良い考えは取り入れる必要がありますが、いつも同じ人の考えばかりを聞き行動するだけではなく、今度は、CくんやDくんの考えを取り入れてやってみよう！というように、みんなの考えを聞くことが大切なことです」
と言い、交替を教えるとともに、再度、怒りをそのまま相手にぶつけることが、相手に嫌な思いを感じさせることに繋がり、逆に友達との関係を悪くすることになると指導した。

荒木紀幸・堀田泰永・楜澤実・松本朗編『わたしたちの道徳』教材別ワークシート集1・2年編　明治図書、2015年、152-153頁をもとに筆者作成。

【注記】

注1　文部科学省偏『小学校学習指導要領（平成29年告示）解説　特別の教科　道徳編』文部科学省、2018年、20頁。

注2　同『小学校学習指導要領（平成29年告示）解説　特別の教科　道徳編』20頁。

注3　安彦忠彦著『コンピテンシー・ベースを超える授業づくり─人格形成を見すえた能力育成をめざして』図書文化、2014年、91-92頁。

注4　同『コンピテンシー・ベースを超える授業づくり』92-93頁。

注5　荒木紀幸編著『続　道徳教育はこうすればおもしろい─コールバーグ理論の発展とモラルジレンマ授業』北大路書房、1997年、126-127頁。

注6　同『続　道徳教育はこうすればおもしろい─コールバーグ理論の発展とモラルジレンマ授業』128頁。

注7　同『続　道徳教育はこうすればおもしろい─コールバーグ理論の発展とモラルジレンマ授業』128-131頁。

注8　同『続　道徳教育はこうすればおもしろい─コールバーグ理論の発展とモラルジレンマ授業』135-149頁、トーマス・リコーナ著、三浦正訳『リコーナ博士の子育て入門─道徳的自立をめざして』慶応義塾大学出版会、1988年、117-229頁。

注9　荒木紀幸・堀田泰永・楜澤実・松本朗編『「わたしたちの道徳」教材別ワークシート集1・2年編』明治図書出版、2015年、152-153頁。

【参考文献】

1　小・中学校学習指導要領一部改正の告示　文部科学省、2015年。

2　文部科学省偏『小学校学習指導要領（平成29年告示）解説　特別の教科　道徳編』文部科学省、2018年。

3　安彦忠彦著『コンピテンシー・ベースを超える授業づくり─人格形成を見すえた能力育成をめざして』図書文化、2014年。

4　荒木紀幸編著『続　道徳教育はこうすればおもしろい─コールバーグ理論の発展とモラルジレンマ授業』北大路書房、1997年。

5　荒木紀幸著『ジレンマ資料による道徳授業改革─コールバーグ理論からの授業』明治図書出版、1990年。

6　日本道徳性心理学研究会編著『道徳性心理学』9章「役割取得理論」荒木紀幸、北大路書房、1992年。

7　荒木紀幸・堀田泰永・松尾廣文・荊木聡・楜澤実編『「私たちの道徳」教材別ワークシート集中学校編』明治図書出版、2015年。

第10章 協働的なコミュニケーション力・社会関係力の育成と話し合い促進力

玉井康之

要点と省察的実践のポイント

①孤立化は、精神不安も高くなり自己肯定感も高められない。同時に対人不安も大きくなるため、協働性を求めようともしなくなる。

②コミュニケーションには、バーバルコミュニケーションとノンバーバルコミュニケーションがあり、人間関係の中ではノンバーバルコミュニケーションの役割も大きい。

③表情・笑顔・態度等のノンバーバルコミュニケーションを面倒臭いと考えるようになれば、ますます直接的なコミュニケーションを避ける傾向も強くなる。

④コミュニケーションでは、受け取る側の印象などのノンバーバルコミュニケーションを含めて意思疎通を図ることが重要である。

⑤人間関係は、挨拶のコミュニケーションから始まる。

⑥人間関係では迷惑をかけたりかけられたりすることもあり、「お互い様」の互恵意識を持たせることが重要である。

⑦コミュニケーションスキルは、単純なスキルだけではコミュニケーションはできないが、スキルによる行為を通じて相手への尊敬・信頼・共感を高めていく側面もある。

⑧他者のマイナスの評価は、基準や観点を変えることでプラスの評価になることを伝える。

⑨否定・反論等の表現には、アサーションスキルを身につけていくことが重要である。

⑩依頼を断る場合も、受け入れたいという気持ちを伝えると共に、断らなければならない理由と申し訳ない気持ちを合わせて伝えるアサーションスキルが重要になる。

⑪相手を評価することは相手の自己肯定感を高めるが、実は相手を承認

　　できるという自分の包容力と自己肯定感も高め、結果的に意欲的に
　　なっていく。

⑫ほめ合い活動や１分間スピーチやピアカウンセリングなども、他人の
　良さを発見し他者との相互承認を推進する活動となる。

⑬能動的な学習活動を進める上でも、建設的な話し合い活動の観点と方
　法を指導していくことが重要になる。

⑭話し合い活動の中では、特に異論・反論等の表明の仕方や集団内の協
　働性のルールを確認しておくことが重要である。

1. 協働性を育む社会力の低下と社会関係力の育成の課題

　子供の日常生活の変化から子供間の関係性が希薄になっていることはすで
に周知の事実となっている。教育社会学者の門脇厚司氏は、2001年に『社会
力が危ない！』（注１）を上梓し、子供の非社会性が進行し、コミュニケー
ションやつながりを求めなくなっていること、すなわち子供の「社会力」の
低下に警鐘を鳴らした。門脇氏は、「社会力」と「社会性」を区別し、社会
力は先天的なものではなく意識的に「育てようとして育てなければ育たない
もの」であるとし、「人が人とつながり社会をつくる力としての社会力」を
育てることの重要性を指摘した（注２）。門脇氏は、このような社会力を媒
介にしてはじめて、互恵的協働社会が実現できるとした。

　日本の中では元々農村共同体の中で歴史的に培われてきた互恵的共同体が
あった。とりわけ水利を共有した水田は、播種・防除・収穫を中心とした適
期作業を同時にせざるを得ず、その中で、相互の農地を越えて地域全体で生
産協働や助け合いを進めてきた。そして収穫の産物も飢える人が出ないよう
に、お裾分けや「おもてなし」によって、生活互助を行ってきた。これらは
時に自由を縛る封建制度の残滓とみなされたが、一方で農村社会内の平等
性・協働性・互助性を高め、遅れたる人をある程度引き上げる基本的な社会
的関係能力を育てるものでもあった。

　このような共同体的な社会秩序や地域社会が崩壊し始めたのは、高度経済
成長期を経て農村が都市化し、協働性を持たなくても、所得があれば孤立的
にも生きられるようになってきたことによる。しかしこの過程では、生業だ

けでなく日常的な社会関係力をも必要ないものとして意識されるようになった。協力・協働すれば相互により効率的で豊かな互恵的な生活条件を高めることができる助け合いに対しても、労を惜しみ個人主義的に過ごす傾向も強くなった。

またインターネット・SNSが子供にも普及すると、誰もが個人的に発信できるようになったが、気が合う人だけのネットコミュニティを作り、逆に妥協や調和をしなければならない身近な人との関係は面倒臭いものとみなすようになってきた。顔が見えないネットコミュニティの中では、子供も協働的な関係の必要性を学ぶことなく、孤立化・個別化することが普通であるという認識を持ってしまう。孤立化は逆に精神的に不安も高くなるため自己肯定感を高められず、一方で協働性による安心感や互恵性のメリットよりも目前の対人不安の方が意識されてしまうため、協働性を求めようともしなくなる。このような中では門脇氏の指摘した社会力を意識的に創ることの重要性を啓発し、社会全体で社会関係力を育成する機会とコミュニケーションの方法を支援することが求められる。そのような社会的風潮の中で、学校教育においても、教師が意識的に子供の社会関係力とコミュニケーション力を高めていくことが求められる。

2. コミュニケーション力の育成とコミュニケーション教育の必要性

（1）バーバルコミュニケーション力とノンバーバルコミュニケーション力

コミュニケーションというと、一般的には言葉で情報を交換することを媒介にすると認識されている。現象や思いを伝える際にも、それを言葉で置き換えて、状況を伝えるために、言葉は重要な情報機能を持っている。文章や話す内容などはすべて言葉を媒介にしており、言葉を往来させて意思疎通を図ることができる。

一方コミュニケーションの内訳は、バーバルコミュニケーション（言語コミュニケーション）とノンバーバルコミュニケーション（非言語コミュニケーション）があり、人間関係の中では後者のノンバーバルコミュニケーションの役割が大きい場合が少なくない。

人は必ず相手の表情・目線・笑顔・ジェスチャー・態度・雰囲気などを含めて言葉の深意を推しはかっている。流ちょうにしゃべったり語彙力が豊富

にあっても、態度・表情が硬いと難しく受け止められる。また感情的な行き違いが出てしまうのは、人は必ずしも言語だけでコミュニケーションをしていないためである。たとえ文字言語内容のプロであっても、コミュニケーションが必ずうまくいくとは限らない。人間関係の中での会話は、バーバルコミュニケーション（言語コミュニケーション）だけでなく、ノンバーバルコミュニケーション（非言語コミュニケーション）を意識しておくことが、相手との意思疎通を高める条件となるからである。

　SNSで相手のメッセージに関する誤解がしばしば生じるのは、相手の非言語の雰囲気が伝わらないために、相手が別の意味に受け取ってしまうからである。メッセージの解釈は送信する側ではなく、受信する側が解釈を行う。そのためコミュニケーションの中で意思疎通を図るためには、話す方が伝えたい意図を捉えるだけでなく、聞く方が受け取る印象を含めてコミュニケーションを捉えることが重要になる。この送る側と受ける側の両方を意識しておかなければコミュニケーションは成り立たない。コミュニケーションでは、受け取る側の印象などのノンバーバルコミュニケーションを含めて意思疎通を図ることを意識することが重要である。この対面的な表情・態度等を含むノンバーバルコミュニケーションを面倒臭いと考えるようになれば、ますます直接的なコミュニケーションや人間関係を避ける傾向も強くなる。

（2）子供の挨拶・互恵意識とコミュニケーションの原則

　子供同士のコミュニケーションの始まりも、通常は出会いも別れも挨拶から入る。未知の人であっても何気ない挨拶があれば、その後の会話も入れるが、挨拶がなければ会話も発展していかない。したがって学校ではまず挨拶を指導することが人間関係づくりや学級経営等の最初の指導となる。

　人間関係では、協力しあう活動が大事になるがそれに伴う感情も発生させるため、感謝の言葉である「ありがとう」「すみません」などの言葉や、迷惑をかけたり失敗したりすることへの反省やお詫びの言葉である「ごめんなさい」などの言葉も信頼関係を高める重要な条件になる。何らかの人間関係には、大なり小なり必ず助けてもらったり、迷惑をかけたりすることが前提であり、「迷惑をかけられた」「迷惑をかけた」ことが問題ではなく、それに対してどのように感謝やお詫びの気持ちを表するかが重要である。したがっ

て子供たちにも「迷惑をかけられた」「迷惑をかけた」ことにも、寛容的に対応すること、どこかの段階でまた逆の立場になったりする「お互い様」であるという互恵意識を持たせることが重要である。

またコミュニケーションは常に言い足らない部分や適切に表現されない部分もあり、誤解や意見の対立は日常的に起こりえるものである。したがって誤解や意見の違いもあることを前提にして、その調整をどのように図るかが重要であることを教えていかなければならない。誤解がある場合に「相手が悪い」と思うだけでは問題は解決しない。誤解を受けた場合には、相手が「なぜそう思ったのか」などの事実確認や受け止め方の価値基準の違いなどを考えなければならない。

逆に自分が相手を誤解してしまうことも少なくないが、誤解していることに気づかず一方的に相手の責任にしてしまうことも少なくないことも理解しておく必要がある。常に自分の方も、「誤解して相手を評価しているかもしれない」ことを意識させることが、コミュニケーションをうまく展開する条件となる。誤解を受けたときも誤解したときも、どちらも率直に尋ねながら、誤解を解いていくこともスキルとして意識しておくことが重要になる。

ノンバーバルコミュニケーションは、表情・目線・態度なども重要な要素となるため、無意識に醸し出す自分の表情・目線・態度等がどのように受けとめられるかについてもスキルとして考えさせることが重要になる。本人が自覚しないまま習慣のようになっている表情・目線・態度もある。話し手も聞き手もコミュニケーションを円滑にするための気持ちよい雰囲気の話し方・聞き方などの雰囲気や表情等を考えることによって、コミュニケーションも発展することを伝えることが重要である。

コミュニケーションは、相手を説得することや理解してもらうことに関心が行きがちであるが、実は話すことだけでなく聞くことも重要である。聞くことを重視して相手を理解することで、会話も継続され、長期的には信頼関係も強くなることも、子供たちに考えさせる必要がある。

これらのコミュニケーション力の向上は、コミュニケーションゲームやロールプレイなどの模擬活動を通じて、予防的に楽しみながら実践的に行うことも重要である。例えば、嬉しそうな表情と嫌そうな表情を両方ともロールプレイで演じながら、どのように伝わるかを考えさせてみるなど、コミュ

ニケーションの実演等も理解しやすい。このように人間関係以前にコミュニケーションをスキルとして捉え直すことで感情的な対立を避けることもできる。ある程度コミュニケーションスキルを工夫することで、スムーズな関係も展開することができる。このようなコミュニケーションの方法を継続的に工夫することで、1年間を通じて学級経営も円滑になり、また学年が進行する中で、徐々にコミュニケーション力が高まっていく。

　ロールプレイ等を通じてコミュニケーションのあり方を考えさせる場合には、次表のような留意事項と観点が必要になる。

ロールプレイ等のコミュニケーションの留意事項と子供に考えさせる観点

留意事項	コミュニケーションの在り方を考えさせる観点
1）挨拶の有無と仕方	挨拶をすることとしないことの違いを考えさせる。気持ちよい挨拶の仕方も考えさせる。
2）誤解を受けた時の対応	誤解を受けた時に、相手に「なぜそう思うのか」の冷静な確認と、誤解への対応をどうすれば良いかの対応方法を集団で考えさせる。
3）自分自身の誤解の可能性	自分が誤解している可能性と、その場合の再確認の対応方法を考えさせる。自分の表現方法の問題も含めて齟齬の原因を考えさせる。
4）話し方・表現方法の雰囲気	語気を強めたり皮肉や攻撃的な言いまわしになっていないかなど、話し方・表現方法の違いについて考えさせる。
5）話し手の表情・目線・態度	話し手が無意識に嫌な表情やよそよそしい態度で話をしていないかなど、表情・態度の在り方を考えさせる。
6）聞き手の表情・目線・態度	聞き手が無意識に嫌な表情やよそよそしい態度で話を聞いていないかなど、表情・態度の在り方を考えさせる。
7）話すことと聞くことの調和	各自が話すことよりも聞くことを重視する方が長期的には会話が進み、信頼関係が強くなることも考えさせる。

筆者作成。

　このようなコミュニケーションの留意事項は、コミュニケーションのスキルトレーニングであるように見えるが、スキルだけを取りあげているわけではない。むしろスキルの背後にある感情的な共感性や受容性がなければ、その感情は表情・目線・態度に負の側面として表れるものである。したがって見え方を粉飾するスキルだけを向上させようとするものではなく、コミュニ

ケーションスキルは相手への尊敬や信頼を伴うものである。このようなコミュニケーション教育は、人と人との関係性を基底にしたもので、表面的なスキルトレーニングを超えて常にコミュニケーションによる意思疎通の必要性と協働性を目指すことを言い続けていくしかないものである。しかしその上であえて述べるならば、ソーシャルスキルとして、最低限のマナーや人間関係の方法をスキルとして心がけることも重要である。なぜならスキルに体現されるコミュニケーションの行為を変えることが逆に相手への感情や意識をも変えていくからである。

3. 対人関係力の育成と社会関係力の発展

（1）自分の観点から見た価値観と他者の観点から見た価値観への比較

　広範な社会関係力を高めるためには、まず身近な対人関係をより良くすることが出発点となる。その場合に他者に対して自分の観点からのみ他者を見ると、自分が絶対的なものであると思いこみ、他人が劣っていたり変わっているように見える。逆に自分の立場を離れて、それぞれの人が持つ理由と状況を聞いてみると、その行為や意識の背景や事情が理解できるようになったりする。また違和感を感じる他人の性格や価値観も、異なる状況や別の側面を見ると、同じ人や状況でも異なる側面が見えたり、より良く映ることも少なくない。すなわち物事の評価は、常に状況によって正否の見方が変わったり、基準を変えると評価が変わることも理解しておく必要がある。このように、とらえる側面・観点・評価基準が変わることで相手の評価が変わるということを認識させることで、他者を捉える時も多面的・受容的にとらえることができる。

　他者を評価する時には、誰もが何となく過去の経験や見聞きしたことを、無意識のうちに標準的な基準としながら評価している。この無意識の基準は本人自身が自覚的に意識することはない。この無意識の基準は社会的・時代的な価値観などからも影響を受けるもので、国・地域・組織や時代によって「普通」「標準」となる基準は変わってくる。したがって、この「普通」「標準」だと思っていることも、別の経験をした人から見ると、異なる評価に変化することを意識しておく必要がある。

　どんな人もより多くの経験をして成長してくると、見方・評価も変化して

くるものである。このことを子供たちも認識しておくことが、固定観念で物事を捉えないで、常に見方や評価が発展していくことを意識することができる。この社会関係力を育成するためには、その基礎として、自分の観点から見た価値観だけでなく、他者の観点から見た価値観を捉えること、無意識に前提にしている基準も経験が広がれば見方も変化すること、など多面的・長期的にとらえる見方と姿勢が重要になる。

（2）否定・反論・辞退の表現とアサーションスキル

　しばしば相手に表現する時に困ることは、否定・反論・辞退などの相手にとってあまり嬉しくないと思われることを言わなければならないときである。また感情的な対立がこじれてくる場合は、攻撃的な表現で罵られる場合など、自分が損をしたと感じるような表現や思いもよらない誤解を受けたときや、言い返せなかったことや反論したい時にうまく表現できない時である。この結果強い不信感・反感・怒りを抱きストレスを生じさせる。

　これらの感情的な対立と不利な状況を少しでもコミュニケーションで克服するために、置かれた状況に対して、客観的で適切に意見を主張できるようにすることがアサーションスキルである。アサーションは、自己主張・意見表明という意味であるが、うまく自己主張できない場合を減らすために主張・表現の仕方を工夫するアサーションスキルが重要になってくる。

　例えば否定・反論する必要がある場合には、いきなりこちらの観点から批判するよりも、まず「なぜそうしたのか」「より良くするためにどうすれば良いと思うか」などの質問から入ることも必要である。相手がそのように考える根拠・理由があるかもしれないし、その根拠・理由と結論の因果関係が結びつかずにずれた結論を導き出しているかもしれない。これらのアサーションスキルは否定・反論の前に、その人の主張の根拠を相手の立場にたって、よく知ってから反論・否定するという意味を持ち、相手の主張や論理の中で話すために、より説得しやすい。

　相手が自分に対して怒りや攻撃をぶつけてきた場合には、そこに事実誤認があったとしても、まずその負の感情については理解した上で、冷静に事実を説明していくことが重要になる。「そのようなことがあれば、つらいよね。でも自分はそのようには関わっていない」という経過説明である。相手の怒

り・嘆きなどの理由・根拠が分かる場合には、まずそのようなことがあった場合の仮定で、怒り・嘆きに対しては共感をする。その上で自分に向けられた怒りの誤解を解く質問や説明をしたり、根拠自体が間違っている可能性もあることを指摘していくということである。相手の誤解に対しては即憤慨したくなるが、そのまま憤慨する気持ちをぶつけても、相手の怒りがますます高揚していく可能性もある。そのため、ある程度引いて冷静に対応する方が最終的には収まる可能性も高い。

　快諾の逆の場合で辞退・固辞する場合も、相手にとっては断られたという不快感も残りやすく断りにくい。しかしそのまま自己主張もせずに受け入れても本意ではない場合や条件が揃わない場合には、やはりその依頼も断らざるを得ない。嫌いなまま引き受けたとしても後で否定的な感情も残ってしまう。このような場合には、気持ちとしては受け入れたいという気持ちを伝えると共に、できる条件が現在はないという理由を含めて申し訳ないという気持ちを伝えていく必要がある。

　ある所まで依頼を受け入れられるのであれば、全部固辞するのではなく、できる所だけを条件提示したり、別の代替案を提示するなど、できることとできないことを区別しながら部分的に断ることが必要である。できる部分や代替案があれば、全部を辞退・固辞しているものではないという協力的な態度も理解される。

　また何となくできないかもしれないという不安感がある場合には、少し考える時間をもらって返答する必要がある。その場合には誰かに相談することも含めて、固辞しなければならない理由をじっくり考えてから丁寧に返答することで苦しい状況を理解してもらう。

　感情的な攻撃や全くの誤解を受けた場合には、受けた傷や感情はかなり尾を引く。しかし、基本的にはそれらに対しても受けた側が感情的にならずに、相手の怒りや感情の理由・背景を聞いてみたり、ある程度時間をかけて相手の感情が治まるのを待つなどの対応も必要になる。このような感情的な攻撃や対立は、感情的であるが故になかなかすぐに解決できるものではないが、誰もがこのような感情的な対立も起こりうることも事前に心構えとして予想しておくことも必要である。感情的な対立が起きることもあり得ることを踏まえ、できるだけそうならないように意識することによって、精神的なスト

レスも少しずつ解決されていく。感情的な対立は、起きないことが最も良いが、様々な対人関係の中でまったく起きないことも考えられず、「長い人生の中でそのようなこともありうる」と達観的・楽観的に想定することで気持ちも楽になる。

　感情の対立を克服するアサーションスキルの考え方と方法には、次表のようなものがある。

感情の対立を克服するアサーションスキルの考え方と方法

アサーションの項目	アサーションスキルの考え方と方法
1）感情的な攻撃への冷静な対応	相手の事実誤認であったとしても、感情の理由をまず理解・共感することを述べた上で、事実を説明するようにする。
2）反論や否定する場合の相手への質問	攻撃的・感情的な状況になっていることに対して、まず冷静に理由や根拠を尋ね、その人の意識の背景を考える。
3）怒りの理由への最初の共感	怒りの理由が明確である場合には、まずその気持ち自体には共感した上で、誤解や根拠の間違い等も指摘していく。
4）辞退・固辞の場合の根拠や条件提示	依頼を受けたい気持ちを前提にして、辞退・固辞しなければならない根拠を提示する。できる所までの条件も提示する。
5）別の可能な代替案の提示	提案された内容・方法ではなく、別のできる内容・方法を提示することで、前向きに対応している姿勢を理解してもらう。
6）即答せずに考える時間を頂いた返答	返答するまでに色々な条件を考えた上で、丁寧に理由を示してお断りをすることで少しでも状況を納得してもらう。
7）感情的対立も予想した心構え	どんなにコミュニケーションを工夫しても、感情的な対立は起きうるという心構えも持っておくことで、ショックを軽くする。
8）感情が治まる期間が長いことも想定	嫌な感情は残りやすいが、感情がある程度収まっていくまでには時間がかかることも想定しておく。時間が解決してくれることもあることを理解しておく。

筆者作成。

4. 協働的なコミュニケーションを高める教師の話し合い促進力

（1）協働的なコミュニケーションを高める相互承認と勇気づけ

　基本的に人間関係づくりや協働性を高めるためには、コミュニケーションにおいて他者を尊敬したり良いところを評価したりする相互承認を目指す意識・感情が基底になければならない。そのためには、他者を批判的に見るだけでなく、あえて良いところを意識的に探し評価してみる学級活動等の取組も必要になる。相手を評価することは相手に自信と自己肯定感を高めていく条件となるが、実は自分自身も相手への承認を通じて自己肯定感を高めていく。相手の承認を相互に進めることによって、集団全体の潜在的な力が高まっていく。

　学級活動の中では、ほめ合い活動や１分間スピーチなどで、お互いの良い活動や意見を発見することが重要である。そのために、他者から見た良いところを出し合いながら、相互の良さを認識できるようにすることが多い。他者の話を聞くことでその人への理解も深くなる。話す方も１分間スピーチ等を繰り返すことで意見を言うことにも慣れてくるために、学習活動や協働作業等で意見表明することも容易になる。相互の考えや意見を知ることは、他者の興味・関心や個性を理解し、共感できる部分を増やしていくことにもなる。このような他者の良いところを発見し評価する活動を意識的に学級活動に掲げながら相互承認を進めていくことが大事である。誰もが自尊心や自己効力感を有しており、そのことを集団の中で確認できるときに、自ら主体的に行動しようとする内発的動機づけや意欲も高まっていく。

　アルフレッド・アドラーは、相手のだめなところの指摘・批判や減点主義などの勇気くじきではなく、良い点の指摘や加点主義で、失敗に対して寛容である勇気づけが重要であることを指摘している（注３）。勇気づけにより、勇気や自己肯定感が高まると人間関係もよくなっていくとしている。またアドラーは、評価を変えることでマイナス面をプラスに変えられることも指摘している。例えば行動が「のろい」ではなく「丁寧」であると評価したり、「うるさい」ではなく「にぎやか」と捉えるなどのように、同じ現象も別の観点でプラスにみると、まったく正反対の評価となる。相手に対してプラスの評価を捉えて、それを伝え合うことで相互承認の感情が高まり、相互に勇

気づけられていく。

　このようにコミュニケーションの基盤として相互承認の関係が重要になり、それが自己肯定感を高め、勇気づけられていく。自己肯定感が高まると他人への許容力も高まり、協働的な関係も高まっていく。逆に自己肯定感が低いと他人への許容力も低下し、他人に攻撃的になったり不信感を抱いたりして、協働的な関係も低下していく。

　また勇気づける方法としては、ピアカウンセリングの方法もある。ピアは、仲間・同僚を意味している。ピアカウンセリングとは、同様の境遇・経験を持つ人や対等な立場で話し合うことができる人どうしが、人間関係の在り方や困り感・失敗事例等を踏まえながら、共通のテーマ・相談内容を設定して、個々の経験談の交流と相互アドバイスをするという方法である。日常的な人間関係に関しては、誰もが様々な誤解・対立等の争いごとや不安などを有しており、どんな人間関係の課題に関しても、大なり小なり悩みごとはあるのが一般的である。このような悩みごとを共有するピアカウンセリングでも、同様な経験を交流することで安心したり、勇気づけられたりする。ピアカウンセリングをした人どうしで一体感を感じると共に、苦しい経験は自分だけではなく皆同じ経験をしていることが分かると、それを乗り越えようともするものである。

（2）建設的な話し合い方法と現代に求められる教師の話し合い促進力

　学級活動・授業の協働的な関係づくりを進めるためには、集団の中での建設的な話し合い活動を採り入れていかなければならない。話し合い活動は、子供たちどうしで判断していくために、同時に教師の指示の受動ではなく自律的姿勢を培っていく。とりわけ能動的な学習活動が増えてくるほど、集団の話し合い活動が不可欠となってくる。話し合い活動は、目的・方法等を共有していくためのものであり、目的・方法等が共有できないと主体的・協働的に動くこともできにくくなる。そのため、教師が子供同士の様々な多面的観点・異論を交換しながら、多様な意見の中での一致点を探すように仕向けていくことが重要になる。この様な話し合い促進力がこれからの教師の資質・能力として重要になる。

　特に賛成意見の時は良いが、別の観点や異論・反論をしなければならない

　場合には意見は出しにくく、場合によっては感情的な対立を引き起こしたり、その後の意見を自由に出しにくくさせてしまうことが少なくない。そのために、異論・反論を含めて意見を出しやすく、感情的な対立にならないようにする雰囲気を作っていくことが重要である。そのためには、議論の仕方自体を学級や集団のルールとして共有し、見える化するとともに、各自が意識的にそれを守るように促していくことが重要である。

　子供の話し合い活動を活発にするための、教師による話し合い活動指導の観点と指導方法は次の表の通りである。

教師による建設的な話し合い活動の観点と指導方法

指導の観点	具体的指導の留意事項と指導方法
１）司会の公平性・役割の明確化	司会は全体の発言や異論等を公平に取りあげながら、調整を進めていくという役割を明確にする。
２）異論・反論の意見表明の推進	異論・反論は、他人の人格の否定ではなく、その内容に関する限定的なもので、相互に出しあえることを確認しておく。
３）異論・反論の建設的代替案提案	異論・反論は、プラス面とマイナス面をとらえると共に、否定だけではなく、代替案と理由を述べるようにする。
４）理由に関する質問	意見に違和感を感じた場合には、異論・反論を述べる前にその理由をまず尋ねるようにする。
５）間違った意見への許容	どのように見ても間違った意見であるという場合も、まずは意見として許容し尊重することを確認しておく。
６）共通意見内容部分の確認	各意見の中で、共通に良い部分であると認識できる部分については、全体で確認しておくと討論内容と共通認識が積み上がる。
７）安易な同調の危険性の理解	安易な同調をするだけだと、集団浅慮となり、深く多面的な物の見方ができなくなる危険性があることも留意しておく。
８）笑顔と優しいしゃべり方	議論は常に感情的になる可能性が高いために、冷静に話し、笑顔と優しい話し方を心がけるようにする。
９）議論前に各自の思考時間の確保	話すことが苦手な子供もいるので、まず各自がじっくり考える時間を確保してから討論に入る方が意見を言いやすい。
10）子供同士の交互の意見の促進	特定の人が多く発言する場合には、あまり発言しない人にも発言を求め、その意見に傾聴することを促す。

11）議論した意見の見える化	討論が散発にならないように討論の到達点を積み上げていくために、皆の意見・まとめをボード・模造紙等で見える化することで共有化を図る。
12）最終目標や決め方等の確認	討論の最終目標を確認しておくと、それを意識して話すようになるために内容が集約されることを確認しておく。
13）発言内容の理由根拠の明示	発言する場合には、意見だけでなく理由・根拠を併せて述べるようにして、説得力を高めるように心がけさせる。
14）相手の発言内容の要約・確認	相手の話があまりまとまっていない場合には、相手の発言を要約したり、「こういう意味ですか？」という確認を行うようにする。
15）意見内容が平行する場合の休憩	意見が平行する場合には休憩を入れたり、継続的に再討論するなど、時間をおいて各自が考える機会を作るようにする。
16）アイスブレイク等の導入	あまり打ち解けていない段階での討論は円滑に進まないため、アイスブレイク・ゲーム等で打ち解ける雰囲気を作る。
17）一人の話の時間の長さ	一人が長く話すよりは、少しずつ話題を限定して、皆が少しずつ話せるように留意する。
18）短冊・KJ法等でアイデアを創出	短冊・KJ法等を活用しながら、皆のアイデアを分類しながら、まとめやすくする。
19）討論の適正な集団サイズ	討論できる集団のサイズは、最初は小さいサイズが意見を出しやすく、慣れるとサイズを大きくするなど、適正規模に留意する。

筆者作成。

　これらのように建設的な話し合いを媒介にして、意思疎通が図られることで、同じ方向に向いて共通目的意識が高まっていく。このことが集団の協働的な関係を強めて行き、それにより新しいアイデアの創出や個々の意欲も高まっていく。これらのように集団の高め合う協働的な関係づくりを進め、討論や活動を活発化させていくことを、ファシリテーションと称している。このファシリテーションによって子供たちの内発的動機を高め、自律的・協働的な学びを創っていくことができる。教師はこのファシリテーションをになうファシリテーターとしての資質・能力を持つことが重要になってくる。

注記

注1　門脇厚司著『社会力が危ない！』学習研究社、2001年。

注2　門脇厚司著『社会力を育てる―新しい「学び」の構想』岩波書店、2010年。

注3　アルフレッド・アドラー著、岸見一郎訳『勇気はいかに回復されるのか』アルテ、2014年。

参考文献

1　岸見一郎著『アドラー心理学入門』KK ベストセラーズ、1999年。

2　岸見一郎著『子どもを伸ばすアドラーの言葉―子育ての勇気』幻冬舎、2016年。

3　M.F. ヴァーガス著、石丸正訳『非言語コミュニケーション』新潮社、1987年。

4　子どもコミュニケーション研修会編『イラスト版コミュニケーション図鑑―子どもの「話す力」「聞く力」がぐんぐんのびる！』合同出版、2015年。

5　西村宣幸著『コミュニケーションスキルが身につくレクチャー＆ワークシート』学事出版、2008年。

6　ちょんせいこ著『13歳からのファシリテーション―コミュニケーション力が身につく本』メイツ出版、2022年。

7　石川一喜・小貫仁編『教育ファシリテーターになろう！―グローバルな学びをめざす参加型授業』弘文堂、2015年。

8　片山紀子・若松俊介著『対話を生み出す授業ファシリテート入門』ジダイ社、2019年。

9　青木将幸著『深い学びを促進するファシリテーションを学校に！』ほんの森出版、2018年。

10　堀裕嗣著『教室ファシリテーション10のアイテム 100のステップ―授業への参加意欲が劇的に高まる110のメソッド』学事出版、2012年。

11　ドラマケーション普及センター編、渡部淳監修『楽しみながら表現力が高まるコミュニケーション・アクティブカード』学事出版、2015年。

IV

保護者・地域との協働で育む地域学校運営

保護者・地域と連携した地域社会体験活動と子供の多面的な発達

川前あゆみ

> ### 要点と省察的実践のポイント
>
> ①「社会に開かれた教育課程」を推進する学校の支援にコミュニティ・スクールの役割が期待されている。
> ②子供の成長に地域社会での関わりが必要であり、子供の発達には多くの活動に有用性があることを理解する。
> ③地域社会との関わりは学習効果を高めるために、教科横断的で体系的な学びができる。
> ④地域での実際の体験学習には五感を使った活動が多く、大人になってからも記憶に残るほど直接体験学習が子供の多面的な発達に優位である。
> ⑤様々な家庭の保護者を支援することは、子供の多面的な発達を保障する。
> ⑥教師は学校外活動にも意識的に教育的意義を見出し、保護者と連携することが求められる。

1. 地域を含めた子供の社会的成長とコミュニティ・スクール

（1）地域社会との関わりと子供の社会的成長

　激動社会の中では、狭い意味での知識・技能だけではなく、その知識・技能を現実社会の中で活用していく総合的な資質・能力が重要な課題となっている。このため学習指導要領では、「社会に開かれた教育課程」の重要性を指摘し、子供が学校の中で学ぶだけでなく、現実の身近な地域社会と関わりを持つことの重要性も指摘されている。このことが提起される背景としては、子供の学習活動が受験学力に矮小化され、地域社会や生活の現実と切り離され、学習内容が生活に応用されなくなってきたことによる。高等教育を受け

た青年の中にも、指示待ちで主体的に行動できない場合や、集団作業・人間関係を作れず、社会の中では力を発揮できない青年も増えてきたことによる。

　このような中で子供の「生きる力」が改めて課題となってきた。子供は学校の学習活動だけでなく、実際には地域での社会体験・生活体験や友人との交流などあらゆる日常生活の中で生きる上での様々な知恵と力を身につけている。また保護者による生活指導・生活体験など家庭教育の影響力も極めて大きい。このように考えると、教師は本来的には、地域の社会体験・生活体験活動の必要性を子供に意識させること、地域での人間関係づくりを奨励すること、家庭生活の多面的な機能を向上させることなども、実は子供の生きる力を高めると共に、学校での学習活動を発展させる条件となる。

　学校と地域社会が連携し子供に地域社会を意識させることの教育効果は、第1に、教科書で学ぶ内容の背景と身近な課題が結びつき教科書の内容の理解が広がることである。第2に、公共活動や地域奉仕活動に関わることによって、自ら地域社会に働きかける主体的な姿勢を身につけることである。第3に、地域住民と交流することで、同級生・同年齢との関係だけでなく、社会に出て不可欠な異年齢・異世代間の人間関係力を身につけることである。第4に、多様な人間関係と役割を作る集団の重要性を学ぶことで、学校内での多様な人間関係を作る発想と人間関係能力を高めることである。

（2）生きる力の育成と学校を支援するコミュニティ・スクールの必要性

　学習指導要領の生きる力の考え方としては、「より良い学校教育を通じてより良い社会を創る」ことが重要で、子供たちが学びを深めた上で「何ができるようになるか」を目指した。そのために「知識・技能」「思考力・判断力・表現力」に加えて、「学びを人生や社会に生かそうとする学びに向かう力・人間性の涵養」を新たに生きる力の重要な構成要素として提起している。これは学んだことを地域・社会に生かすことを目指すもので、学校の学習と現実地域社会の事象を連動させて思考・創造する力を求めている。

　このような学校と地域社会が結びついて学びを深めていくためには、その組織づくりの整備も重要で、2017年の「地方教育行政の組織及び運営に関する法律」では、すべての公立小中学校は「学校運営協議会を置くように努めなければならない」と努力義務が課された。学校運営協議会を設置した学校

を通称コミュニティ・スクールと称している。この学校運営協議会は、学校を応援し、地域の実情を踏まえた特色ある学校づくりをすすめていくことを目的としている。この学校運営協議会を設置したコミュニティ・スクールは、地域が学校バッシングをするためのものでもなく、学校が地域を利用するためのものでもない。この学校と地域の連携の目的は、子供の多面的な発達を保障するためのものであり、最終的に生きる力を育成するためのものである。そのためには、学校が地域と一体となって、地域社会と連携できる活動機会を作り、地域全体での学びを推奨していくこと、また学校が核となって、地域創生活動に子供たちも関わり、地域・社会に貢献する学びを創っていくことが重要になる。

2. 子供の地域社会体験活動による社会貢献力の向上と学校全体のメニューの蓄積

（1）地域社会体験活動の設定と社会との関わりの意識化

　子供も自分の将来の生き方や社会との関わりを考えていく中で、実際に地域社会の様々な活動に触れることによって、地域・社会との関係を考えるようになる。自分の目標にしたがって勉強の必要性を考えることは、学習意欲・学習目的にとっても重要なことである。将来の目標が見えてきたときに、勉強する意味も見えてくる。

　社会とのつながりを考える体験活動としては、第1に、職場体験学習がある。多様な職種の中で働く人々の姿を見ることや、簡単そうに見えても多面的に物事を考えながら遂行しないと実行できないことを経験することで、職業生活と学校生活の責任の違いや専門性の必要性などを感じるものである。

　第2に、高齢者や障がい者等へのボランティア活動がある。特に弱者に対する奉仕活動は、同質性が強いと言われる学級内の関係ではないために、見返りや利害関係を求めて行動することはなくなる。このことは通常の人間関係においても、見返りや利害関係で対応する発想を超えていくことにつながる。

　第3に、まちづくり活動や公共活動・清掃活動などの地域活動への協力も、不特定多数の地域の人達のメリットとなるもので、地域全体をより良く住みやすくするという意識を高めていく。

　これらの活動は、受動的に与えられることを当然とする現代においては、

自らの公共活動・ボランティア等の喜びや社会貢献意識を培う上で重要である。体験活動は、自らの奉仕の喜びや忍耐力を培うとともに、社会意識を養い、子供たちを直接地域に結びつける活動として重要である。

　子供たちに対しては、まず学校がどのような理念と方針の下で、これらの奉仕活動・体験活動を進めようとしているのかが分からなければ、体験活動の意義や必要性も見えてこない。すなわち、学校が行おうとしている奉仕活動・体験活動の意義をしっかり伝えて、これらの活動の意義を理解できるようにすることが重要である。

（2）地域社会活動・体験活動メニューの蓄積と選択幅の拡大

　子供にとっては、地域活動・奉仕活動・体験活動等を「強制された」という意識で行わないように、「興味ある活動を自分で選択した」という意識の方が主体的に関わることができ教育効果も高い。そのためには、地域活動・奉仕活動・体験活動の多様な選択メニューを揃えておき、その中から子供が興味ある活動を自分で選べることが重要である。メニューについては、協力してもらえる関係機関・団体に声をかけながらメニューを蓄積していき、団体と連携しながら体験活動の実践プログラムのノウハウを学校の中に蓄積していく。また機関・人材関係者については、協力団体登録制度やリーダーバンクを学校として登録し、教師の個人的関係ではなく学校全体として連携機関を蓄積していく。このように学校の連携財産を蓄積すると、教員の転出入があっても、学校全体として継続できる。

　学校における教育活動の意図の伝え方としては、学校の定期的な通信や案内を回覧板に載せて関係機関・地域団体の会合がある際に配布してもらうなど、学校情報を積極的に地域に呼びかけていくことが重要である。学校活動を知ることで学校に対する地域の親近感も高まり、学校の教育的意図を理解してもらいやすくなる。

　その場合に心構えとしては、地域との関係もやはり人間関係が重要になるのであって、どんなに形式的に学校・地域連携組織を作っても、学校側の誠意が伝わらなければ、うまく連携できない。学校・教師は保護者・地域住民にも人間的なつきあいを前提とし、受け入れ先のメニューを広げていくことが重要である。

　また子供の事前学習も地域の専門家等に協力をお願いして、体験する内容の意味や留意点を学んでおく必要がある。事前学習を行う意味は、第１に、子供が現場で苦労しつつも「やり遂げた」という成功体験を作る条件となることである。子供はこの達成感・充実感を基盤にして、次への新たな挑戦意欲を生み出す。第２に、受け入れ機関にもできるだけ迷惑をかけないためである。第３に、活動の技術的・技能的な側面だけでなく、社会的活動の必要性と背景等による社会全体の問題意識の認識を深めるためである。

　これらを実施するために、関係者に学校に来て頂き、事前説明会と留意事項の学習をしたり、基本的な文献・資料を読んで自分で理解することが、社会体験学習の目的意識と教育効果を深めていく。

3. チームとしての学校と地域団体・専門家との連携による地域学校運営

（1）チームとしての学校の意義と地域専門家団体との連携

　コミュニティ・スクールと併行して、中央教育審議会では2015年に「チームとしての学校の在り方と今後の改善方策について」を答申した（注１）。これは多様な教育課題に対応するために、学校内においても様々な技能を持つ教師が協働すると共に、地域の専門家の力を生かしながら地域の期間・団体等の専門的リソースを学校に取り入れていくことの重要性を指摘したものである。

　学校と地域の連携では、問題が起きたときに依頼するのではなく、常設会議を置いて率直な子供・学校に関わる情報交換を進める方が、問題が起きたときにも協力してくれやすい。地域の専門機関・団体関係者としてあげられる団体は、町内会・地域子供会などの地域関係者、自然体験・勤労体験などの体験学習施設・少年団体・社会教育関係団体などの社会教育関係者、児童館・児童相談所・保護司・社会福祉協議会・福祉ボランティア団体などの福祉関係者、生徒指導協議会・補導施設・警察などの生徒指導関係者、PTA・地域後援会などの保護者団体などの関係者である。

　このような団体との関係は、学校経営計画の「地域連携活動」の項目を立てて、毎年の関係づくりを継承していくことが重要である。学校経営計画に地域教育が位置づいていれば、教員・管理職が転勤異動しても、学校全体として地域への対応を継続することができる。地域との対応は、管理職だけが

対応するのではなく、子供の多面的発達を支える教育課程・カリキュラムづくりの一環として、直接授業を担う教師が構想していくことか重要である。このように教師が専門的知見を有する地域の関係者と連携して、特別活動・体験活動・学校行事等の学校運営に生かすことが可能となる。

（3）専門団体と連携したアイデアの交流と学校教育活動の創造

　専門的知見を特別活動に取り入れるのは、既述のようにとりわけ子供の社会的経験が不足しているからであるが、これを学校教育活動の中で取り入れていくためにはアイデアを蓄積していくことが必要となる。学校全体の力は徐々に活動が積み上がって蓄積されていくものである。学校全体の活動を蓄積していく内容としては以下のような活動がある。

　第1に、地域にすでにあるたくさんの地域文化行事・伝統行事を学校教育課程に位置づけていくことである。学校が独自に地域文化行事・伝統行事を作ることができなくても、すでにある地域行事をまず学校教育課程に取り入れていく。教師がそこに居住していない場合も多いために、意外と地域行事を知らないが、教育委員会に尋ねればたくさんの団体の地域行事を把握できる。学校区にない場合でも近隣に地域祭りや文化行事はあり、その一部を担わせて頂く形で参加することはできる。またこれらの地域行事を地域住民が作る過程を学ぶことも企画運営力・協働的な役割分担・社会貢献姿勢等を学ぶことにもなり、教育課程の重要な意義を持つものである。

　第2に、例えば社会福祉団体やボランティア団体と連携しながら、子供自身が関われるボランティア活動内容を専門団体からアイデアを提供して頂くことである。福祉・介護などの高度な専門性を求めるボランティアはできないが学校の中で作成し、話を伺うこと自体の社会貢献はできる。施設の花壇整備活動や清掃活動も比較的子供たちが関わりやすい活動である。それ以外でも交流活動や物品支援といったアイデアを提供して頂いて、できる所から始めることが重要である。これらの活動も地域から喜ばれるものであり、その社会貢献の意義づけを明確に伝えることで、役割貢献度の達成感を高められる。地域奉仕活動やボランティア活動を行うことによって、地域の住民や社会に貢献することの重要性を実感し、他人の痛みが分かるようになる。

　これらは何らかの形で人の役に立つことを子供たちに経験させることが人

間性を高める上で重要であり、このことが地域社会貢献につながっていく。これらによって身につく資質・能力は非認知能力であり、点数で測り言語で捉えられるものではないが、社会体験活動が生きる力に果たす役割は、これからの社会において極めて大きいと言える。

　また専門家団体と連携することは、学校で学ぶことも教科書を覚えれば終わるという認識ではなく、教科書の背後に極めて高度な専門的な知見がそれぞれあり、将来的にそれを身につけていくことが社会の中で必要な力であることを意識するだけでも学び方が広がっていく。

（４）子供たちによる学校情報の地域広報と子供たちの担い手意識

　地域の力を取り入れるためにも、学校情報を子供たち自身が地域に伝えて学校の活動を理解してもらうように促すことが重要である。実際に子供が地域に積極的に出ていき、チラシを配布したり、コンタクトを取るなど、関係づくりを広げていく社会的能力を高める上で重要である。日常的な生活や普段の出会いの中で子供たちが地域住民に接することで、実は地域住民は地域の奉仕活動・体験活動の協力者にもなっていく。それと併行して学校も保護者・地域住民に学校での奉仕活動・体験活動への協力を要請することができる。

　また教師も地域の専門機関や団体・サークルを自ら回りながら、どのような活動を行っているかを聞き取り体験する中で、奉仕活動・体験活動の内容や児童生徒たちへの難易水準を確認し、教育活動メニューを広げられる。実際に教師が目で見て確認することで、教育効果が高い内容・水準を設定することができ、また児童生徒へのアドバイスも的確となる。このように、教師自身も子供たちと一緒に挨拶回りを含めて、地域のあらゆる所に出ていき、関係づくりを広げていくことが重要である。顔がお互いに見える関係の中では、地域・関係機関の人たちもできるだけ学校に協力したいと考えるようになる。

4. 地域づくりの先生としての子供の意識化と長期的な担い手の育成

（１）地域づくりの先生としての子供の役割と地域への成果の還元

　地域社会体験活動と子供の発達を考える時、地域社会から学んだ成果を子

供たちが地域に還元し、子供たちが地域づくりの先生になるという位置づけを与えることが重要である。教育委員会・社会教育団体と連携して、保護者や地域住民を含めて町づくりの発表会を行うなど、子供たちが地域づくりの先生として位置づけられるようにしていけば良い。子供たちは与えられる学びから提案していく学びに発展させていくことで、主体的な学びになる。

　子供たちは地域社会体験活動で様々なことを学ぶが、それを地域に返すという意識を持つことは、学習の目的が社会貢献のためであるという意識になっていく。地域社会体験活動の中で大事だと気づいたことは、それを地域発表会で関係専門団体に返していくことである。子供から見て、社会全体や地域住民がどのようにその問題や地域づくりに関われば良いか、子供たちがどのように自分の生き方に活かしていくか等を提案することは、地域全体を長期的に変えていく重要な提案となる。このような成果を地域に還元する機会を作るためには、教育委員会や地域コーディネーター・学校運営協議会委員等に相談しながら、社会教育団体と地域の専門家・人材資源と連携して、学校の教育活動を地域に還元できることが、子供たちのモチベーションにもつながっていく。

（2）子供どうしの高め合う振り返りと事後学習による発展

　地域学習は実施してみると予期せぬ課題が付き物であるが、それらを総括して反省材料にするとともに、実は子供たち自身による PDCA と学び続ける姿勢が育成される。成果を確認した上で、反省点を考えることは決して意欲を削ぐものではなく、むしろより良い自分の成長を目指すことに喜びを感じるようになる。

　子供たちの高め合う振り返りを行う意味は、第1に、子供自身が活動を客観的に、ものごとの成果と課題を確認し、経験知や言語認識を高めていくことである。第2に、地域づくりの成果と課題を協働で確認し、地域のさらなる発展を目指すことを確認していくことができることである。第3に、子供自身が感じた感動・学びや反省点を直接地域住民に返していくことで、子供と地域住民の直接的な関係づくりをさらに発展させていくことである。子供がお礼状を地域に返すなどの事後の挨拶活動も不可欠である。そして受け入れ団体・機関・地域住民も、子供が学んでくれたということが一つの励みに

なり、地域による子供への感謝が反省点をも吹き飛ばす勇気になる。

　これらの事後学習を事実と到達点を元にして評価するためにも、教師が関係機関に巡回して子供を励ましながら、地域の関係者から状況に関する話をうかがうことも重要である。

（3）子供たちの地域との継続交流と長期的な担い手意識の発達

　子供たちの地域社会体験活動を継続的に発展させるためには、学習活動時間だけでなく、誠意を持って地域社会の関係団体・地域住民との継続的な関係づくりを意識させることが重要になる。すなわち教師は、学校以外のあらゆる人や機会から学ぶことができることを子供たちに教えるとともに、学習活動の余韻を残し継続的な社会貢献を意識しながら、将来の地域の支える担い手になっていくことを子供たちに意識づけしておくことが重要である。やはり子供と地域の関係もギブアンドテイクの関係であり、誠意を持って挨拶や交流活動等をしながら様々な人と接することの重要性を伝えていく。

　不特定多数の人を対象にした地域社会への貢献活動は、直接的な利害がない関係であり、打算的な社会活動ではない。これは地域社会の中で自分が何らかの役割を果たしているという役割貢献度感を高め、それによりまた自己肯定感を高めていく。このような地域社会全体に貢献していく意識を継続していくことで、長期的な社会の担い手意識が育っていく。

5. 地域づくりを目標とした「総合的な学習」活動と多面的な課題解決力の育成

（1）地域づくりを目標とした総合的な学習と活動的な問題解決力

　総合的な学習で、「地域づくり」を最終的な目標におきながら、あらゆる学習活動を結びつけていくことも活動の目的意識を高め、学習活動が社会に役に立つという動機づけとなる。とりわけ近年は人口減少の中で地域経済・地域社会が衰退しており、地域から学ぶだけでなく、学びを通じて地域社会を発展させていく人間性の涵養が求められる。

　現実社会の中の課題解決は極めて複雑で問題に対する正解は一つに収斂されず、一つの課題に対しても、複数解決方法がある。どの知識を複合的に組み合わせるかは、現実の状況に合わせて判断しなければならない。

　総合的な学習の学習活動の方法としては、自然体験・ボランティア活動・

社会体験・観察・実験・見学・調査・ものづくり・発表・討論などのあらゆる問題解決的な学習を含んでいる。この総合的な学習活動は、あらゆる体験活動・調べ活動・討論などがプロセスに含まれており、社会の中の学びの縮図である。すなわち総合的な学習では、現実に合わせて知識の体系を応用的に活用することが目指されている。

体験活動は本来的に、様々な要素を複雑に絡み合わせて現実社会をとらえるもので、多面的な判断と現実認識を高めていく。課題を解決する方法がすぐに思いつかない場合には、自ら調べて解答を作り出す必要がある。現実社会では、解答が直接得られない場合の方が多く、むしろ調べて解決を導き出す方法を身につけ、新しい課題に対応していくことが不可欠である。それによって応用力を育てることができる。

また総合的な学習のまとめとして行う発表・討論は、自分の考えた結論を体系的にまとめて表現していく力量を求めるものである。発表資料をまとめる中で、問題の軽重や因果関係を整理し、知識を体系化することで、論理的に話す思考方法を高めることができる。

このように地域づくりに関する提案や実践そのものを「総合的な学習」の目標にすることで、地域の奥の深さに気づくとともに、地域に愛着や誇りを持ち、活動的な問題解決力を高めていく。

（2）集団的・協働的な学習活動と多面的な問題解決力

総合的な学習の学習形態としてはグループ学習・異年齢集団学習等の協働的な関係を媒介にする。問題解決は個別的に対応しても限界があるが、多人数でとらえた場合には、自分で気づかなかったような多面的な思考を促すことができる。多様な人々が集団思考を進めたときに、より多様なアイデアや問題解決方法を見い出す。このように、多様な能力を持つ多様な人たちと知識・情報を交換できる能力が求められている。

総合的な学習が目指すものは、規格化された答えではなく、知識と知識を結びつけて創造する力、必要知識と不必要な知識を選別する力、新しい課題を発見する力、知識と現実をつなぐ力、知識と行動を結びつける力など、社会で活用しうる創造力である。このように多面的に問題を解決するためには、集団的な関係の中で協働していくことが最も効果的である。この協働性を媒

介にすることで、社会性や主体性も身についていく。

　このように教師は、子供どうしのグループワークや協働的な学習を頻繁に取り入れ、教師からの一方通行的な指導スタイルを転換していく必要がある。子供が自ら創造的に学び方を学ぶ姿勢が身についていないのは、これまでの日本の学校での指導のあり方が、即効的な知識に傾斜し、集団的に調べ考える機会が極めて少なかったことによる。また指導する教師自身も、協働的な活動や調べ学習方法について身につける経験をしてきた訳ではないことによる。集団的・協働的な学習活動は、主体的で多面的な問題解決力を長期的に高めていく可能性を持っていると言える。

〔注〕
注1　中央教育審議会答申「チームとしての学校の在り方と今後の改善方策について」
　　　2015年。

【参考文献】
川前あゆみ・玉井康之・二宮信一編著『豊かな心を育む へき地・小規模校教育―少子化
　　時代の学校の可能性』学事出版、2019年。

第12章 地域が支える防災教育活動と防災教材の作成

境　智洋

要点と省察的実践のポイント

①防災・減災に必要な情報、知識、技能を「学習すること」、どのように
　なるのか、どのようにすべきなのかを「想定すること」、知識と行
　動がつながっているかどうかを「訓練すること」、を教科や総合的な
　学習の時間、特別活動などとつないで防災教育をつくることが大切で
　ある。

②「ここは大丈夫」という大人の意識を変えるには、子供を介して、親
　やコミュニティを巻き込むように防災教育をつくることが大切である。

③児童・生徒が、もしも〇〇が起こるとどのように行動するべきか？
　避難した際には自分が何をすべきか？　など"自分ごと"として考え
　られる防災教育を進めることが大切である。

④子供たちの命を守るには、学校だけで防災授業を取り組もうとせず、
　防災関係諸機関と地域（コミュニティ）が連携し、講師派遣、教材提
　供など連携して防災教育を継続して進めることが大切である。

1. 防災教育の推進

　私達の住む日本は、四季の変化に富み、美しい自然景観に恵まれている国
である。自然の恩恵を受ける一方で厳しい自然現象に伴った自然災害に見舞
われることもある。ゆえに私達は、いつでもどこでも自然災害に遭う可能性
が高いことを意識することが必要である。2011年3月11日の東日本大震災で
は、過去の災害をもとに人間が作り上げてきた防潮堤も津波避難タワーもこ
の災害には太刀打ちできなかった。過去に大きな地震や津波を経験してきた
地域の住民であっても、住民の意識が防潮堤や防災タワーなど防災設備の整
備で安心に変わり「災害は自分には襲ってこない」「ここは大丈夫」という

意識になってしまったことも被害を大きくした原因の一つという。その中で「釜石の奇跡」といわれた釜石の子供たちの行動は防災教育の重要性を再確認することとなった。釜石の子供たちの日々の防災教育を受けてきた実践の成果であった。さらに、「子供の命を守るには私達が行動しなければいけない」と、防災教育を受けてきた子供たちとともに住民の意識も変わってきたことも一つの要因という。これらから、私たちは、常に「想定外の事が起きる」ということを意識するとともに、想定外を想定するための防災教育や避難訓練などが欠かせないことを改めて実感することになった。防災教育を通して、すべての人々が災害をもたらす自然現象を理解し、常にそれに備えておけるようにしていくことが重要である。

　2017年に告示された小学校学習指導要領、中学校学習指導要領では、自然災害と防災に関連する内容が充実され、学校教育における防災教育の推進が重視されている。本テーマでは、防災教育の取り組み方、実践例、防災教育と地域の関わり、そして防災教育を推進していくための方策を論じていく。

2. 防災教育における『3つの「すること」』

（1）防災訓練の構造
　元京都大学防災研究所巨大災害研究センター長の河田惠昭（注1）は、防災訓練には、「学習（まなぶ）」・「練習（ならう）」・「演習（ためす）」の構造があると示した。「防災・減災に必要な情報、知識、技能を学習する」「理解を深めるために練習する」「知識と行動がつながっているかどうかを演習する」という3つの構造があり、確かめたときにできていなければ再度学習から繰り返し行うというサイクルの構造である。

（2）防災教育の構造
　筆者は、河田が示す訓練の構造とともに、防災教育にも同様の構造があることを示した（図1）。「①学習すること」「②想定すること」「③訓練すること」の『3つの「すること」』である。さらに、この3つの構造は、「発災前後の場面」と、「被災後の避難した場面」の2つの場面がある。
　ア　発災前後の場面
　発災前後の3つの構造を見ていく。「①学習すること」とは、教科や、総

合的な学習の時間などを用いて、自然災害における様々な現象を感覚に訴え、体で実感し、頭脳でしっかり理解する場面である。「②想定すること」とは、学んだことを生かして、実際にどのようなことが起こるのかを想定する場面である。「③訓練すること」とは、学校や地域で行う避難訓練のことであり、実際に災害が起きた場合に的確に判断して行動していく場面である。

　学校教育において「学習すること」とは、小学校中・高学年及び中学校以上では、理科や社会などの教科の単元に位置づいた学習の中で学ぶことができる。また、学んだ事を生かし、総合的な学習の時間の中で自分の地域の災害について学ぶことができる。小学校低学年は、教科の学びと連携させることは難しいが、避難訓練などの実施の際や、生活科の中で身近な自然や自然災害について学ぶことができる。

図1　防災教育の三構造

実践的、効果的に安全教育をどう進めていくか？

①学習すること
防災・減災に必要な情報、知識、技能を教科等を通して理解する
自然災害について理解する

継続すること
年齢・学年に応じて・戦略的に

③訓練すること
災害が起きたときに、実際にどのように行動するか試す
想定したことを試す

②想定すること
理解したことを生かし、実際にどのようなことが起きるのかを思考・判断する
何が起きるのかを想定する

避難訓練が防災教育ではない。3つの「すること」を統合することが重要である。

図2　防災教育を柱としたカリキュラム構造

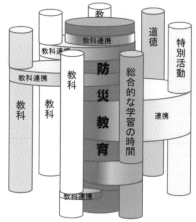

防災という教科があるのではなく、教科の中にある防災関連の内容を結びつけることで防災教育の姿が見えてくる。

「想定すること」とは、小学校中・高学年及び中学校以上では、教科の学習の後、実際に活用する場面を設定する。つまり、実際に地震災害、火山災害、暴風や豪雨などの気象災害が起きた場合にどのようなことが起きるのかを自分の今いる場所（学校内、通学路、家庭内、郊外…）に置き換えて想定する学習である。また、低学年は、避難訓練などの実施の際や、生活科の中で、地震が起きた場合や火災が起きた場合など大人の支援が及ばない場合に、ど

んなことが起きるのかを一緒に考える場面を作ることである。特に小学校低学年は何のために避難訓練をするのかを意識させることが大切である。「訓練すること」は、小学校・中学校では、教科や総合的な学習の時間等で学んだことを生かす場面である。小学校高学年、中学校以上は、学校が予め設定した避難訓練も重要であるが、時には、児童・生徒に避難訓練の災害の設定や、避難ルートを考えさせ、実際に訓練させることも考えられる。また、困難な事例が生じている場合（クラスに怪我をした児童・生徒が生じた場合、避難ルートが地震によって倒壊した場合など）にどのように避難すべきかを実際にやってみることも重要である。

イ　被災した後の避難した場面

　防災教育は、被災し、避難した後も考えておく必要がある。つまり、災害が起き、数日または数週間避難所生活になった場合も同様に防災教育の3つの構造が考えられる。

　「①学習すること」とは、小学校高学年及び中学校以上では、避難所での役割をもった人材としての活動が望まれてくる。家庭科での衣食住に関わる知識技能、技術や図工などの工作に関わる知識技能、保健体育でのけがの予防や応急手当などの知識技能や、避難した後の2次災害の可能性の知識技能などは、それぞれの教科の中で学ぶことができる。「②想定すること」は、被災し、避難した場合にどのようなことが起こるのかを想定することである。例えば、避難所生活になった際に、どんなことが起きるのか、そして自分たちで何ができるのかを想定することである。電気、水道などのライフラインが止まった際の生活がどうなるかを想定し、どう生活していくのかの見通しをもつことである。避難所運営ゲーム（注2）などのシミュレーションゲームも活用できる。そして「③訓練すること」とは、避難所生活を体験してみることである。その際、水がない、ガスがつかない、電気がつかないなどの体験も重要である。学校が避難所になった場合に何ができるのか。どこに何があるのか。多くの住民が避難してきた場合にどのように対処するのか。また、教員集団や市役所及び役場職員が学校に来られない場合も想定し訓練することも必要であろう。教員が不在でも学校の近くにいる児童・生徒が主体的に動くことが避難所運営の大きな力となる。

（3）　カリキュラムをマネジメントする

　防災という教科はない。小学校学習指導要領・総則解説編及び中学校学習指導要領・総則解説編の「防災を含む安全に関する教育（現代的な諸課題に関する教科等横断的な教育内容）」で教科の関連を示した図が付録6に示された（注3、4）。この図が示すように、防災教育は、学校教育全般で教科横断的な視点で実施することが必要となる。教科横断的な視点から、避難訓練の時期と、教科の学び、及びその学びをどう関連させていくかは、防災教育の大きな課題である。しかし、教員集団の中で、3つの構造が意識されてカリキュラムに位置づけば、教員だけでなく、児童・生徒の防災意識は高まるものである。高学年以上は、防災教育の3つの構造を柱として考えるならば、図2のように、総合的な学習の時間や、教科、道徳などと連携したカリキュラムを検討することが望まれる。つまり、避難訓練が年間計画の中で形式的に行われる行事に終わるのではなく、カリキュラムに位置づき、学んだことから、どのようなことが想定され、実際に起こった場合にどのように避難すれば良いか児童・生徒が自ら考え、自ら行動できる人間に育つための訓練になっていく。また、低学年は、避難訓練などの実施の際に、学んだことを振り返るだけでも感覚に訴え、体で実感し、頭脳で理解することにつながる。避難訓練が、学びを自分の生活に適用する態度を養うことにつながる。カリキュラムに位置づいても、それぞれの学びが接続されていることも重要である。「防災ノート」を各自が持ち、防災に関連する教科を行った際には、そのノートに学んだことを綴っていく方法もある。

3. 『3つの「すること」』を位置づけた防災教育の実際

　防災教育を教科横断的な視点で実施するには「①学習すること」「②想定すること」「③訓練すること」の『3つの「すること」』がヒントになる。筆者が今までに北海道内で防災教育プログラム作成に関わった事例の中から、3つの「すること」が位置づいた事例を紹介する。

（1）南富良野町立南富良野小・中学校の実践（2019年）（注５）

　道央の南富良野町は、2016年に空知川の氾濫によって浸水し甚大な被害を受けた。南富良野小学校では、「第１段階：自分の住んでいる地域を学ぶ」「第２段階：災害について学ぶ」、「第３段階　自らの命を守るための行動を学ぶ」の３つの段階を教育課程に位置づけた。第１、２段階は「学習すること」の場面である。全学年で総合的な学習の時間において天気による川の変化を学習する。さらに４年生は川の環境調査（30時間）、５、６年生はカヌー体験（各４時間）を行う中で体験的に川について学ぶ。第２段階では、天気予報の見方・気象情報について学年ごとに学ぶとした。第３段階は「想定すること」の場面である。低学年では国土交通省 水管理・国土保全局 防災課が作成した「防災カードゲーム（注６）」、中学年は「マイタイムラインの作成（注７）」、高学年では「ハザードマップを活用したマイタイムライン」の作成を行っている。そして、避難訓練、引き渡し訓練（災害が起きた際に保護者に児童生徒を引き渡す訓練）、シェイクアウト訓練（注８）など、全学年が訓練を行うことを位置づけた。このように３つのすることを全校体制で取り組んでいる。

　南富良野町立南富良野中学校では、防災教育と関連する各学年の教科の単元とその項目を抜き出し、防災教育の全体計画を作り上げ実践している。中学校理科で自然災害を各学年で学んでいる（学習すること）。教育課程に位置づけた防災授業では、増水によって避難することになった場合を想定し、北海道版避難所運営ゲームDoはぐ（注９）を用いて机上訓練を行っている（想定すること）。2019年に町が主催して行った総合防災訓練では、中学生が自分たちでできることに主体的に関わり、「受付」「物資の運搬」「避難者の誘導」などを行った（訓練すること）（図３）。この訓練は、中学校を核とし、小学校、地域住民に呼びかけて街全体の避難所設営訓練となっている。

図３　南富良野町の総合防災練（中学生が受付を行う）

（2）島牧村立島牧中学校の実践（2020年）（注10）

道南の島牧村は1993年北海道南西沖地震で津波被害を受けた。

島牧村立島牧中学校では、理科の学びを生かして地域の地質や地形をもとにした地域防災マップ作りに取り組んでいる（学習すること）。そのマップをもとに、中学生が地域住民とともに一緒に歩いて、危険と思われる場所をピックアップし地図に書きこむとともに、避難経路の動画を防災マップにQRコードとともに掲載し、いつでも村民が見られる工夫をした（想定すること）（図4）。島牧村は南北に長い海岸線に沿った町である。高校などの高等教育機関がないため、中学校卒業後

図4　島牧中学校作成の防災マップ

図5　地域住民のコメント

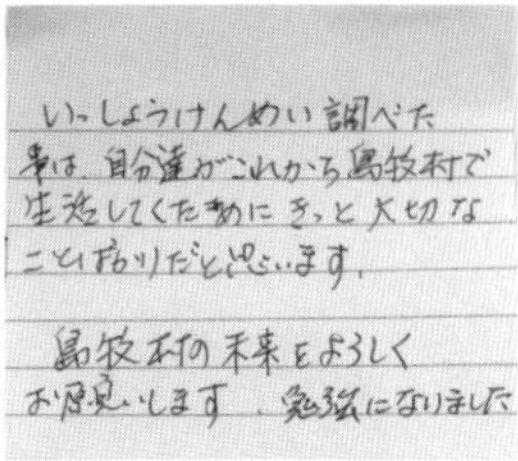

は村の外にでることになる。その中で1校の中学校に在籍する生徒がそれぞれの地域における中心として活躍する人材となる。地域から中学生に対する期待も高い（図5）。津波を想定した避難訓練では、地域の人々も一緒に参加し、防災意識を高めている（訓練すること）。

（3）釧路市立大楽毛中学校（2020年）・音別中学校・北中学校（2021年）

2020年4月に内閣府のワーキンググループから、北海道沖の千島海溝で国内最大のMw9.3を想定し、最大で高さ約30メートルの大津波が東日本の広範囲を襲うと推計された。釧路市でも約20mの大津波が襲うと想定された。ゆえに、道東の海岸線の学校は大きな地震が切迫していると危機感を持っている。

釧路市立大楽毛中学校は、地震、津波災害の学びを生かし防災小説に取り組んでいる。防災小説（注11）とは、慶應義塾大学の大木聖子氏が提唱したもので、近未来のある時点で巨大地震が発生したというシナリオで、一人一人が自分自身を主人公とした物語を800字程度で執筆する。物語は必ず「希

望をもって終えなければならない」というルールがある。理科、社会等で災害について学んでいる（学習する）。さらに、北海道沖の千島海溝で巨大地震が発生し、大津波警報が発令されてから、避難するまでの小説の執筆を全学年で取り組んだ（想定すること）。理科や社会等で学んだことを国語の力を使って、想像の中で被災し、その後どのような行動をとるかを想定し記載している。小説の中では、地域の人々との関わりや、何気ない日常の毎日のかけがえのなさを記載する生徒が多い。また、避難する際の地域の描写の中で、地域住民をどう避難させるか、地域の高齢者、障害をもつ人々にも触れる生徒がおり、もしもの場合は地域と関わることの重要性について小説を通して学んでいる（図６）。その後、実際の避難訓練を実施する（訓練すること）。この取組によって、防災を自分事化することが促され、防災意識を高めることができているという。この取組は、2021年度は釧路市立音別中学校・北中学校でも取り組み始めている。

図６　生徒が作成した防災小説（一部省略）

地震と津波

２年

（前略）　聞き覚えのある音と共に画面には、緊急地震速報が表示されていた。その瞬間、私の体には緊張感が走り、とっさにテーブルの下にもぐり込んだ。リビングから見える食器棚は大きい音を立てて倒れた。そして、一番恐れていた大津波警報が発表された。中学校では、屋上に逃げる避難訓練は行っていたが、家で地震が起きた今は、とっさの出来事で体が動かなかった。　（中略）　家の裏に鶴野支援学校があり、そこに向かって走り出した。私が走って抜かす中には、高齢者が多く、その足取りは重いようだった。自分の隣の家に住んでいるいつも笑顔で優しいおばあちゃんが頭に浮かんだ。戻ってはいけないとわかっていても、体が勝手に動いて家の方へ戻っていた。すると、杖をつきながら歩くおばあちゃんが見えた。私は、走って歩み寄り、怪我をしていないことを知って、心がほっとした。でも、今は、一安心している余裕もなく、生きるために学校へ避難しなければならない。「おばあちゃん　がんばろう」と言うと、おばあちゃんは「先に逃げなさい」と私のことを心配した。おばあちゃんを置いておくことができない私は、逃げることを諦めた。すると、「大丈夫か、頑張って避難しよう」と近くに住む男子高校生が逃げる途中に手を貸してくれた。そして、私達三人は学校の屋上へと急ぎ足で向かった。屋上に避難し終えると、もうたくさんの人が避難していて、泣いている子どももいた。柵の近くに行くと、大楽毛は黒い波に飲み込まれていた。（中略）　避難して、しばらくしてから、携帯にメールが来た。それは、私の両親と姉が無事だという内容だった。隣にいたおばあちゃんは「ありがとう」といいながら泣いていた。

筆者らの調査では、教育課程に防災教育を位置づけ、教科横断的に行っている学校は少ないことがわかってきた（注12）。一部の自治体の調査であるが、地域事例や実践例を聞くと、他自治体も同様と考えられる。また、防災教育を実施している割合が高いという結果であっても、避難訓練を実施することで防災教育を実施していると回答している学校があることもわかった。自然災害から多くの人々の命を救うためには、３つのすることが意識された防災教育が進められることが望まれる。

4. 地域を巻き込む防災教育

　「島があるからこの町には津波が来ないよ」「津波はここには来ない。今までも来たことがない」「津波が来ても隣の湖に行くはずだから、ここは大丈夫」など北海道には間違った伝承が数多く残っている。この背景は、北海道は開拓が始まり地域集落ができて100数十年である。この間に大きな地震が発生しても、大きな津波被害に遭わなかったことが、いつしか「ここは大丈夫」「ここには来ない」となり、伝承として伝わるようになったのだろう。そのため、今後、大きな地震が起きた時、この負の伝承が大きな災いになることが危惧される。そのためにも、防災教育は子供の命を守ることだけでなく、地域の住民を守ることにつながらなければならない。釜石の奇跡を取り上げた多くの書籍で取り上げているのは「地域住民を巻き込んだ防災教育」であった。避難訓練の際には、地域住民に予め協力をお願いし、地域住民も一緒に避難訓練をする習慣をつけていったという。

（1）学校の避難訓練と地域の避難訓練を同時期に行う取り組み

　白糠町立白糠小学校は、2011年の震災以降、月1回の避難訓練を継続している。小学校は茶路川の河口域で、国道沿いの低地帯にある（令和4年度には義務教育学校となり高台へ移転）。避難訓練は抜き打ちで、近くの高台まで走って逃げる訓練を続けてきた。2017年に気象台や消防など地域防災の関係者と避難路の確認を行った際、茶路川にかかる国道橋が大地震の際には渡れなくなる可能性を指摘された。そのため避難路を2つ以上想定し、白糠町役場の大会議場への避難も想定することとした。町の中を避難する際には、地域住民に「子供たちが避難するので見守ってください」と声をかけた。以降、地域が子供たちを見守り、地域住民が関わる防災訓練が実施されている。

　厚岸町海岸地域の学校では避難訓練を年3回実施している。厚岸の町の高台にあるコンキリエ（道の駅）まで逃げる訓練や、町の避難訓練と合同で行う訓練も実施している。浜中町立霧多布小学校も学期に1回避難訓練を実施し、高台のゆうゆ（標高42mの湯沸山にある町民の交流施設）へ避難する。また、釧路市立音別小学校・中学校は、町の防災訓練とともに、避難訓練が実施されて行政センターまで避難している。

　このように地域と共に防災訓練を実施することが継続されることで、地域の中で被災した場合でも、避難行動ができる児童・生徒になる。道内では、この取り組みとともに、南富良野町などのように避難所運営も訓練する自治体やコミュニティも出てきている。

（2）地域を変えていく学校の防災授業の取り組み

　羅臼町立羅臼小学校・春松小学校は2010年から毎年、津波防災授業を行っている。2010年に赴任した小学校校長が「津波が来ても、国後島が遮ってここまで来ない」「ここには津波が来たことがないから大丈夫」と根強い地域の声があることに危惧し、この意識を子供たちから変えていこうと北海道教育大学釧路校と協働で防災授業に取り組むこととした。2011年の震災時には、

図7　学生による津波防災授業
　　　手前が国後モデル・奥が羅臼
　　　の町

小さな津波が来たが、人的被害はなく、漁網が流されるなどの漁業被害にとどまった。そのため、国後島が守ってくれているという伝承がさらに強固になってしまった。2011年以降も、毎年6年生に学生が津波を模式的に見せる津波実験装置を用いた防災授業を通して津波の性質、津波が来ること、そして国後島があっても水の性質から島を巻き込んで津波が襲うことを伝えている（図7）。授業前後のアンケート調査を繰り返し行っているが、児童から「国後島があるから津波は来ない」というアンケートの回答が減りつつある。今までの授業を受けた児童が成人になり、地域を支える人材になりつつある。このように継続した取り組みが、少しずつ地域を変えている。

　浜中町立散布小中学校では毎年、津波防災授業と避難訓練を実施している。「ここは津波が来ない」「津波が来ても、隣の街に流れ込むからここには来ない」という街の声があることを危惧した学校が、大きな地震あとには一人一人が高台へ逃げることを意識させる避難訓練を実施している。避難訓練では、「津波警報が出ました。すぐに避難しなさい」の放送が入ると、教室から駆け出した児童生徒が約1.2km離れた道路上の高台へ走って避難している（図

８）。「津波警報が出たら逃げないといけないんだ」「高台に必ず逃げるよ」と聞き取りした生徒は答えてくれる。この取り組みの先には、間違った伝承が消えていくと感じる。

図8　散布小中学校　津波避難訓練

（3）学校の防災教育が地域の防災力を高めていく

　学校安全法第30条において、学校は地域の実情に応じて地域や関係機関との連携を図るよう努めることとされている。また、学校保健法に基づき2017年に示された「第２次学校安全の推進に関する計画」では、児童・生徒の安全に関する課題には学校だけでは対応が困難なものが多くあることから「学校及び学校設置者は地域の自然条件等に関して専門的知見を有し、活動を行っている関係機関・団体や民間事業者と連携して、効果的な取組を進めていくことが必要である」とされた。

　白糠町（白糠地区）、厚岸町（海岸地区）、浜中町（霧多布地区）のように、地域の防災訓練と学校の防災訓練の日程を合わせる自治体と学校が増えてきている。学校の避難訓練と自治体の避難訓練を同時に行うには、学校の教育課程と自治体のすり合わせが必要となる。そのため、コミュニティ単位の取り組みが増えてきているといえる。しかし、その取り組みも一部のコミュニティであり、「ここは大丈夫」という意識が強い地域では、地域が積極的に訓練に参加するところは少ないという。

　子供の命を守るためには、防災教育は必要である。学校での避難訓練だけが防災授業ではないことをすでに述べた。学校では、「学習すること」「想定すること」「訓練すること」を積極的に教育課程に位置づけ、防災意識を高めていくことが重要である。さらに学んだことを積極的に家庭へ伝えることが必要となる。子供の声が「ここは大丈夫」という大人の間違った考え方を変えていく力になる。継続して取り組むことが地域を変えていく力になる。さらに、その取り組みが広く地域へ波及するよう、防災避難訓練、避難所設営訓練等などコミュニティを巻き込んで実施することが重要である。

5. 学校間の格差のない防災教育の推進のために

　2012年文部科学省が作成した「学校防災マニュアル作成の手引」では、地震を想定した避難訓練の見直しが記述されている。東日本大震災をふまえた、地震災害時の様々な事例を見ると、「揺れの際放送ができない場合がある（児童・生徒へ避難行動を伝えられない）」「いつでもどこででも地震が起きる可能性がある（地震発生時は、一人の場合もある。また教室外の場合もある）」「避難移動の際に避難ルートが確保できるとは限らない（ガラスが粉砕している。様々なものが倒れている）」「避難場所がいつも同じ状況とは限らない（気温が低い時、液状化が起きている時、他のものが倒壊している時）」など、避難訓練と同じ状況で起きることは殆どない。片田は、「人が死なない防災」の中で子ども自身が自分の命を守り抜き、想定外の災害でも生き抜く力を身につけることができるように教育していくことが重要と述べた。どのような場所にいても、自分自身で判断し行動する主体性を育むことが求められる。先進的に取り組んできた自治体がある。釜石市教育委員会は、「釜石市防災教育のための手引き」を作成し、児童・生徒に『自分の命は自分で守ることのできるチカラ』をつけることを目指した（図9）。「今日明日にでも発生するかもしれない三陸沖地震津波に備えて」と記載されている。また、南海トラフ巨大地震の対応を迫られている高知県黒潮町でも黒潮町津波防災教育プログラムを立ち上げ、「避難訓練」と「知識の防災教育」に加えて、小中学校9年間を通じて、児童・生徒の内発的な自助・共助の意識を育む「命の防災教育」を土台に据えた取り組みを行っている。

図9　釜石市
　　　津波防災教育手引

　小学校学習指導要領（平成29年告示）、第1章総則第1の2の（3）において「学校における体育・健康に関する指導を、児童の発達の段階を考慮して、学校の教育活動全体を通じて適切に行うことにより、健康で安全な生活と豊かなスポーツライフの実現を目指した教育の充実に努めること。特に、（中略）、安全に関する指

導及び心身の健康の保持増進に関する指導については、体育科、家庭科及び特別活動の時間はもとより、各教科、道徳科、外国語活動及び総合的な学習の時間などにおいてもそれぞれの特質に応じて適切に行うよう努めること。また、それらの指導を通して、家庭や地域社会との連携を図りながら、日常生活において適切な体育・健康に関する活動の実践を促し、生涯を通じて健康・安全で活力ある生活を送るための基礎が培われるよう配慮すること」とされるとともに、第5の1のイでは、「教育課程の編成及び実施に当たっては、（略）、学校安全計画、（略）など、各分野における学校の全体計画等と関連付けながら、効果的な指導が行われるように留意するものとする」とある。安全に関する指導は、教科横断的な視点で学校教育における教育活動全体を通じて行うものとされている（注13）。

　子供たちの命を守るためには、地域差、学校差を生じさせてはいけない。そのためにも、学校においては、防災教育の充実を図ることとともに、学校を取り巻くコミュニティ（学校通学区域）との連携を図ることが重要である。そして、どの学校も温度差なく防災教育をすすめるためには、防災関係機関（気象台・消防・警察・市役所や役場、大学などの高等教育機関、教育委員会などの防災関係部署など）が手を結び、防災教育の指導者の指導や派遣、防災授業の教材教具の提供など、組織的な学校を支えるシステムが必要である。その中で、どこの学校でも取り組むことのできる地域に根ざした教材集（たとえば釜石の防災教育の手引きなど）の整備が必要である。

【引用文献】
注1　河田惠昭著『これからの防災・減災がわかる本』岩波ジュニア新書、2008年、146頁。
注2　『避難所運営ゲーム北海道版（愛称：Do はぐ）』の詳細な内容は以下のページに詳しく紹介されている（http://kyouiku.bousai-hokkaido.jp/wordpress/news/do-hug/）。
注3　文部科学省『小学校学習指導要領（平成29年告示）解説総則編』東洋館出版社、2018年、244、245頁。
注4　文部科学省『中学校学習指導要領（平成29年告示）解説総則編』東山書房、2018年、242、243頁。
注5　北海道教育庁学校教育局参事編『防災に関すること～南富良野町の取組～』北海道実践的安全教育モデル～学校における安全教育・安全管理の充実のために、2019年、33-51頁。
注6　『防災カードゲーム』の詳細な内容は以下のページに詳しく紹介されている（https://www.mlit.go.jp/common/001221904.pdf）。

注7　『マイタイムライン』の詳細な内容は以下のページに詳しく紹介されている（https：//www.mlit.go.jp/river/bousai/main/saigai/tisiki/syozaiti/mytimeline/index.html）。

注8　『シェイクアウト』の詳細な内容は以下のページに詳しく紹介されている（http://www.shakeout.jp/）。

注9　『避難所運営ゲーム北海道版（愛称：Do はぐ）』の詳細な内容は以下のページに詳しく紹介されている（http://kyouiku.bousai-hokkaido.jp/wordpress/news/do-hug/）。

注10　北海道教育庁学校教育局参事編『防災に関すること〜島牧村の取組〜』北海道実践的安全教育モデル〜学校における安全教育・安全管理の充実のために、2021年、17-21頁。

注11　『防災小説』の詳細な内容は以下のページに詳しく紹介されている（http://www.bosai.sfc.keio.ac.jp/about-bosaishosetsu）。

注12　境　智洋・頼富重人著「釧路管内沿岸地区小学校の地震・津波防災教育の現状と課題」『北海道教育大学釧路校研究紀要「釧路論集」』、2022年、71-80頁。

注13　文部科学省『小学校学習指導要領（平成29年告示）』東洋館出版社、2018年、18頁。

【参考文献】

文部科学省『小学校学習指導要領（平成29年告示）』東洋館出版社、2018年。

文部科学省『中学校学習指導要領（平成29年告示）』東山書房、2018年。

内閣府『日本海溝・千島海溝沿いの巨大地震による震度分布・津波高』第1回ワーキング資料3、http://www.bousai.go.jp/jishin/nihonkaiko_chishima/WG/pdf/dai1kai/siryo3.pdf、2020年。

片田敏孝『子どもたちに「生き抜く力」を─釜石の事例に学ぶ津波防災教育』フレーベル館、2012年、1-185頁。

NHK スペシャル取材班編『釜石の奇跡─どんな防災教育が子どもの"命"を救えるのか』イースト・プレス、2015年、1-260頁。

片田敏孝『人が死なない防災』集英社新書、2012年、1-238頁。

文部科学省『第2次学校安全の推進に関する計画』2017年、https：//www.mext.go.jp/a_menu/kenko/anzen/__icsFiles/afieldfile/2017/06/13/1383652_03.pdf

文部科学省『学校防災マニュアル（地震・津波災害）作成の手引き』、2012年、1-56頁。

釜石市教育委員会『釜石市津波防災教育のための手引き』、2010年、http://www.katada-lab.jp/kamaishi_tool/doc/manual_full.pdf

黒潮町教育委員会『黒潮町津波防災教育プログラム』、2015年、https://www.town.kuroshio.lg.j/img/files/pv/sosiki/2015/04/06/01_tunamibousaikyouikuprogram.pdf

V

共生社会を目指す多様な
協働活動とESD・SDGs
推進力

男女共同参画の指導と多様な子供への対応力

川前あゆみ

要点と省察的実践のポイント

①男女共同参画社会の形成に向けた様々な施策が講じられているが、即効性に乏しいために、男女共同参画への意識を教育によって変えていかなければならない。

②コロナ下で顕在化した男女共同参画の課題が山積しており、とりわけ女性や中高年層にとって厳しい環境に置かれている。

③ポストコロナ時代に向けた男女共同参画には、リモートワークや地方への移住といった新たな暮らしや生き方も創出され始めている。

④LGBT を含む少数派と言われる子供たちへの配慮、教師自身の理解と学級経営力が必要である。

⑤貧困や多様な環境に置かれた子供にどのような対応があるのか、その対応力と課題解決に向けた専門家を含めたチーム学校としての指導・支援体制が求められている。

---

1. 日本における男女共同参画に関する施策と推進の課題

(1) 男女共同参画基本法にみる日本の課題

　皆さんは日常生活の中のどのような場面で性別を意識することがあるだろうか。本章で最初に取り上げる男女共同参画基本法は1999年（平成11年）6月に制定され、前文には、「我が国においては、日本国憲法に個人の尊重と法の下の平等がうたわれ、男女平等の実現に向けた様々な取組が、国際社会における取組とも連動しつつ、着実に進められてきたが、なお一層の努力が必要とされている。一方、少子高齢化の進展、国内経済活動の成熟化等我が国の社会経済情勢の急速な変化に対応していく上で、男女が、互いにその人権を尊重しつつ責任も分かち合い、性別にかかわりなく、その個性と能力を

十分に発揮することができる男女共同参画社会の実現は、緊要な課題となっている。このような状況にかんがみ、男女共同参画社会の実現を二十一世紀の我が国社会を決定する最重要課題と位置付け、社会のあらゆる分野において、男女共同参画社会の形成の促進に関する施策の推進を図っていくことが重要である。ここに、男女共同参画社会の形成についての基本理念を明らかにしてその方向を示し、将来に向かって国、地方公共団体及び国民の男女共同参画社会の形成に関する取組を総合的かつ計画的に推進するため、この法律を制定する。」と位置付けている。この前文のように日本国憲法で謳われている個人の尊重と法の下の平等は、性の違いによるものではなく、人としての尊厳を第一にした法律となっている。その具体的な条文をさらにみてみよう。

　同法第1条の目標には、「この法律は、男女の人権が尊重され、かつ、社会経済情勢の変化に対応できる豊かで活力ある社会を実現することの緊要性にかんがみ、男女共同参画社会の形成に関し、基本理念を定め、並びに国、地方公共団体及び国民の責務を明らかにするとともに、男女共同参画社会の形成の促進に関する施策の基本となる事項を定めることにより、男女共同参画社会の形成を総合的かつ計画的に推進することを目的とする。」としている。男女共同参画社会が人々の人権の尊重の基に形成されていくことを目指し、国や地方公共団体、さらには国民一人ひとりの責務を前提にしていることを示している。

　同法制定から四半世紀を迎えようとしている今日、いまだ男女共同参画社会が形成されたとは言い難い状況が日本社会の困難さとして露呈していることは否めない。そこで本章では、男女共同参画基本法が目指す日本の男女共同参画社会の形成と推進に向けた最近の施策動向をとらえていく。そのうえで、学校教師の対応力にはどのような観点や指導が求められるのかを提示していく。

1）男女の人権の尊重と社会における制度又は慣行についての配慮
　同法第3条には、「男女共同参画社会の形成は、男女の個人としての尊厳が重んぜられること、男女が性別による差別的取扱いを受けないこと、男女が個人として能力を発揮する機会が確保されることその他の男女の人権が尊

重されること」が謳われている。また同法第 4 条では、「男女共同参画社会の形成に当たっては、社会における制度又は慣行が、性別による固定的な役割分担等を反映して、男女の社会における活動の選択に対して中立でない影響を及ぼすことにより、男女共同参画社会の形成を阻害する要因となるおそれがあることにかんがみ、社会における制度又は慣行が<u>男女の社会における活動の選択に対して及ぼす影響をできる限り中立なものとするように配慮されなければならない。</u>」とされている。

2）政策等の立案及び決定への共同参画

　同法第 5 条には、「男女共同参画社会の形成は、男女が、社会の対等な構成員として、国若しくは地方公共団体における政策又は民間の団体における方針の立案及び決定に共同して参画する機会が確保されることを旨として、行われなければならない。」と示されている。一般的に国や地方自治体が男女共同参画社会の政策検討をするうえで、その検討会議等には男女の構成に配慮した人数バランスが考慮されていることが多い。

　しかし、同法制定後20年以上が経つ現在においても、同法第 3 条や第 4 条、そして第 5 条が必ずしもその効果が前面に見出されているとは言えない。それは、日本の旧来から長く続く家族の形や男性優位な雇用環境が相変わらず存在していることにも起因する。

3）家庭生活における活動と他の活動の両立

　そして、そのことは、同法第 6 条に示される「<u>男女共同参画社会の形成は、家族を構成する男女が、相互の協力と社会の支援の下に、子の養育、家族の介護その他の家庭生活における活動について家族の一員としての役割を円滑に果たし、</u>かつ、当該活動以外の活動を行うことができるようにすることを旨として、行われなければならない。」としているにもかかわらず、子育てや高齢家族の介護について女性にその負担の多くがあることも現実である。

　では、現在までどのような施策によって男女共同参画社会が形成されてき

たのか、次に、これまでの主な施策に触れていく。

（２）男女共同参画社会の形成に向けた主な施策

　男女共同参画社会の形成に向けた最近の主な施策には、「ポジティブ・アクション」をはじめとする、「女性活躍推進法」「女性の仕事と生活の調和（ワーク・ライフ・バランス）」「女性に対する暴力の根絶」というように女性を中心に据えた施策が際立っている。一方で「男性にとっての男女共同参画」を促す取組も策定されているが、それほど社会的な支持は得られていない。自治体が一方的に施策を打ち出しても、人々の雇用や生活に密着する実際の雇用関係を結ぶ企業の理解なくして、男女共同参画社会の形成は成しえない。

　例えば、自治体や企業や率先して男女共同参画社会を促進していくために、「くるみん」の呼称で根付いた男女共同参画を促進する優良企業を認定する取組が有名である。令和４年４月からは、さらに男性と女性それぞれの達成目標を改正し、男女問わず子育てや介護など必要な時に必要な休暇や保障が得られ、社会的な地位を脅かすことなく働き続けられるように新認定制度を設ける。次世代育成支援対策推進法に基づく認定は、一定の要件を満たせば、規模・業種等にかかわらず申請することができるようになる。厚生労働大臣から認定を受けたことを対外的に明らかにすることで、学生や社会一般へのイメージアップや優秀な従業員の採用・定着などにつながることも期待されている。

　しかし、その目指す理想は、「国民一人ひとりがやりがいや充実感を感じながら働き、仕事上の責任を果たしながらも、家庭や地域生活などというさまざまな場において、また、子育て期や中高年期といった人生のさまざまな段階に応じて、多様な生き方が選択・実現できる社会」であるとして、国は、「かえる！ジャパン」をキャッチフレーズに、さまざまな理由で、仕事と生活が両立しにくい現代社会に、国民運動として取組を広げるための運動も展開している。

　以上、本節でみてきたように、男女共同参画基本法は、人々の意識に内在する男女の偏見や差別を暮らしや労働環境から是正していく法文であり、同

法第10条には、国民の責務として「国民は、職域、学校、地域、家庭その他の社会のあらゆる分野において、基本理念にのっとり、男女共同参画社会の形成に寄与するように努めなければならない。」と規定し、国際社会と同様に男女平等を大前提とした社会の在り方を目指している。

2. コロナ下で顕在した男女共同参画の課題と教育現場における必要な配慮

　第1節でとらえた男女共同参画基本法第10条には、「国民は、職域、学校、地域、家庭その他の社会のあらゆる分野において、基本理念にのっとり、男女共同参画社会の形成に寄与するように努めなければならない。」とある。そこで、本章第2節では、その社会のあらゆる分野の中に職域、学校、地域、家庭が位置づいている教育現場を中心にとらえていく。

（1）2019年12月に発見された新型コロナウイルス感染症（COVID-19）の拡大が社会に与えたダメージと男女共同参画の課題

　2020年初頭から世界的な感染拡大が続いている新型コロナウイルス感染症（COVID-19）は、世界的な社会への影響をもたらした。それは2022年3月現在（感染拡大第6波は高止まりが継続）もなおその状況は続いている。とりわけ、経済・社会をはじめ教育現場へ与えたダメージと影響は今後も長く憂慮すべき課題として取り上げられている。例えば、日本国内での緊急事態宣言の発令により、飲食店をはじめ百貨店や専門店などの対人営業を伴うサービス業を中心に一定期間休業を余儀なくされた。そのことにより、サービス業により多く就業している女性の雇用環境は悪化し、家計収入が著しく減少している。また、特に2020年は学校現場においても休校や分散登校、学校行事の中止や縮小開催など、子供たちが学ぶ場の提供が制限された時期が長く続いた。休校や分散登校により、低年齢の児童がいる家庭では、両親のどちらかが仕事を休んで自宅で子供の世話をする必要が生じた時期も長く続いてきた。通常時にはかからない光熱費も自宅での滞在時間が多くなることで家計費も切迫した家庭も少なくない。このように考えると、児童生徒の通学登校制限は、直接的に家庭環境の変容をもたらすものにもなっていった。その要因には、核家族化が一般的になった現代では、養育者である両親がどのような状況においても第一義的に子供の面倒を見ることが必然的に求めら

れるからである。そのため、両親のどちらかが仕事の都合をつけてテレワークに切り替えるか、さもなければ職場を欠勤せざるを得ない状況に陥った。それも短期間であれば有給休暇なども使えるが長く続いた休校措置は、家庭の保護者の就労環境にも多大な影響をもたらしてきた。特段その影響を受けやすかったのは女性であった。このようなイレギュラーな社会の変動に伴う事態においても、負の側面を真正面から受けてしまうのは女性であることを念頭に、では具体的な配慮は、どのようなことが考えられるかを次にとらえていく。

（2）ポストコロナ時代に向けた男女共同参画のあり方と子育て支援

　2022年3月時点もなおコロナ下にある社会状況の中で、男女共同参画のあり方を生活面や就業面、子育ての観点からとらえていく。テレワークという用語もコロナ下で社会的な認知度を高めたが、すべての業態がテレワークに切り替えられるわけではないし、学校現場では、様々な家庭環境に暮らす子供たちを学級担任は指導・支援していく。そのため、ここではポストコロナ時代に向けた男女共同参画のあり方について、学校教師に必要な観点から提示していくこととする。

　前掲でも指摘したが、学校に通学する子供たちが家族との暮らしや支えがなくては安心して通学することができないとすれば、教師は学級の子供たちがどのような家庭環境で暮らしているのかを一定程度は把握している。それ故に、誰しもが大なり小なり影響を受けた新型コロナウイルス感染症（COVID-19）の拡大は、家族の暮らしそのものにダメージを与えた。養育者である親の失業や時短営業に伴う大幅な収入減、不要不急の外出制限に伴う家庭内DVなど、家族を巻き込んだ家庭環境の負のダメージは計り知れない。

　一般的に密室化していく家庭内の困り感、その異変に最初に気づけるのが学級担任でもある。それは、子供の様子の変化から家庭と連絡を取り合うことで、直接的な要因は家庭内で生じる就労問題や経済的な困窮によることもある。離婚家庭も増えていることからすれば、片親家庭においてコロナ下で影響をもたらした就労問題は、母親一人で主たる家計を担う家庭の子供の学習機会を著しく低減させている。教師がかかわる中で家庭内の困り感が吐露

される場面も生じる。教師という職業は、性別に関係なく男女対等の社会関係の中で仕事に従事できる数少ない職業である。故に、教師自身が、男女共同参画社会の形成に向けたあり方を日常的に意識すれば、女性の就労支援の必要性や権利としての経済支援があることをアドバイス、さもなければ専門職につなぐ立場にも立てるのである。ポストコロナ時代を見据えた男女共同参画は、時代の激変の最中に改めて指導・支援する対人援助職である教師自らが、その社会形成の一員となるべく教育や福祉に関する子育て支援への意識を持つ必要があろう。

3. 多様な子供に必要な対応と学校現場の課題

　日本の教育政策で求められてきた公平で公正な学校教育には、その陰に潜む多様な子供たちの存在がある。第3節では、子供を取り巻く貧困や権利、文化など教育に関連する共生の視点からとらえていく。

　1951年5月5日に制定された「児童憲章」には、「われらは、日本国憲法の精神にしたがい、児童に対する正しい観念を確立し、すべての児童の幸福をはかるために、この憲章を定める。」としている。さらに「児童は、人として尊ばれる。児童は、社会の一員として重んぜられる。児童は、よい環境の中で育てられる。」と前文で位置付けている。全12の項目からなり、子供は皆幸福になる権利を有することを示している。

　しかし、最近では、どんな親の元に生まれてきたのかによって、その子供の幸福が左右されている現状を示す「親ガチャ」という表現が使われるようになった。「格差」や「貧困」も子供自身の問題ではなく、社会的に置かれた家庭環境によってその差は著しい世情も反映してきている。そのような中で、子供を巡る社会環境はもとより、少数派と言われる子供たちの困り感にも必要な対応が迫られている。ここでは、その学校現場で抱える課題や教師に必要とされる指導や支援の観点を明示していくこととする。

　LGBTQ を含めた多様な子供たちへの学級指導と教師の必要な対応力として、現代社会には、多様な環境にいる子供たち、多様な背景をもつ子供たちが暮らしている。学校現場は、そのような多様な子供たちの学習権を保障し、同時にいかに豊かな教育を施すことができるのか、教師は日々の教育実践に努めている。

（1）LGBTQ の少数派と言われる子供たちの困り感に寄り添う

　幼少期から派生する性的指向および性自認は個人の人格や尊厳に関わる重要な要素であり、その自覚のタイミング段階は人それぞれである。そのため、学齢期にある子供たちが自分事としてどう向き合えばよいのか、家族はもとより子供自身が自分から悩みを打ち明けにくい社会であることは教師が自覚をしていかなければならない。少数派と言われる LGBTQ を含めた子供たちを学級の中で、さらに学校全体がどのような配慮や対応が必要になるのか、単純な正解はない。それは子供一人一人によって、そのニーズは異なるからである。

　ぜひ、読者も自身のこれまでの経験から周囲にどのような困り感があるのか、想像力をもって考えてみてほしい。そして、教師として何ができるのか、少数派と言われる子供たちの困り感にどのような対応力が求められるのか、学習する中で議論してほしい。

（2）共生社会の形成に向けた多様な子供と共感的に学級運営と行う

　共生社会の形成に向けた社会の営みの中で、外国にルーツがある児童生徒の在籍数も増えている。あるいは、貧困や格差が広がる中で、家庭生活に困難さを抱えている児童生徒も増加の一途を辿る現代社会がある。また、ヤングケアラーと呼ばれる家庭内でケアを必要とする人の面倒（家事労働含む）を担う子供たちの存在も看過できない。そのような中で教師は、多様な子供と共感的に学習指導や生活指導にあたっている。一人一人の児童生徒理解と集団的な学びをもたらす学級運営の困難さは、ある時は教師を疲弊させ、ある時は喜びに転じる教育活動であるが、教師が勤務する学校の地域の状況や基幹産業に伴う家庭の就労状況を理解することは、子供理解にも通じるため、大事にしたい教育観である。自己承認と他者理解は互いに認め合い相互承認を見出し、違いがあることを前提としたインクルーシブな教育活動へと発展していく。

　教師自身も幼少期から育った自分自身の文化観を有しており、教職に就く過程で獲得していく指導スキルもその幅広さは一端でしかないことを自覚することが求められる。教育専門職として多様な背景をもつ子供たちに共感的な立場で教壇に立つことができるだろうか。教師としての教科指導や学習指

導全般の専門力量に加え、その想像力が求められよう。

　以上のように、多様な環境にある子供たちの目線に立つ教師の必要な対応
力が今後ますます求められていくが、子供たちの暮らしに寄り添うのは教師
だけではない。学校現場でもまだわずかではあるが、アライと呼ばれる
（Ally：支援者という意味）性的マイノリティの理解者・支援者とともに、
少数派と言われる子供やその家族を支援していく研修なども普及し始めてい
る。教師の対応力には、子供との直接的な対応だけにとどまらず、子供を支
える周辺に存在する社会的支援者にどうつながっていけるかが問われよう。

《LGBTQ に理解を深めるための用語解説》
※ LGBTQ とは、Lesbian（レズビアン、女性同性愛者）、Gay（ゲイ、男性同
性愛者）、Bisexual（バイセクシュアル、両性愛者）、Transgender（トランス
ジェンダー、性自認が出生時に割り当てられた性別とは異なる人）、Queer や
Questioning（クイアやクエスチョニング）の頭文字をとった言葉で、性的マイ
ノリティ（性的少数者）を表す総称のひとつとしても使われている。

※ LGBTQ の Q を表す Queer「クイア」は、現代では、規範的な性のあり方以
外を包括する言葉としても使われ、Questioning「クエスチョニング」は、自ら
の性のあり方について、特定の枠に属さない人、わからない人等を表す言葉と
して認知されている。

※「アライ」（Ally：支援者という意味）とは性的マイノリティの理解者・支援
者のことを指す。性的指向、性自認についての正しい知識を身に付ける、悩ん
でいる当事者の方がいたら、落ち着いて話を聞き、受けとめる、誤解や差別的
な言動を見聞きしたときには、見て見ぬふりをしないで指摘をするといった行
動が、当事者を勇気づけると言われる。

※レインボーフラッグとは 6 色の「レインボーフラッグ（rainbow flag）」は、
レズビアン、ゲイ、バイセクシュアル、トランジェンダー（LGBT）の尊厳を
象徴し、支援や連帯の気持ちを示す旗のことを示す。フラッグに使われた色（赤、
オレンジ、黄、緑、青、紫）は LGBT コミュニティの多様性を表現している。

※「SOGI（ソジ）」とは、性的指向（sexual orientation）と性自認（gender
identity）の頭文字をとった略称のことを指す。SOGI は、特定の性的指向や性
自認の人のみが持つものではなく、すべての人が持つものとして認知されている。

　以上、本章では、男女共同参画社会の形成に向けた施策やコロナ下で顕在

した男女共同参画の課題、さらに LGBTQ に含まれる多様な子供にどのような対応が必要であるのか、についてとらえてきた。男女共同参画の指導は、児童生徒が感性豊かな学齢期に教師が適切な指導や共同性を発揮した学級運営の中で培うことも多い。その意味では、教師が果たすべき役割も多くなっていく。意識の醸成は日々の人との関わり合いの中で培われていくものであるから、学校現場の公正な場面の提示は意識的に示していく必要がある。これから教職に就くべく学んでいる読者は、これからの共生社会をどのようにイメージするであろうか、様々な想定をイメージしていくことは、一つ一つの指導スキルを高める契機にもなっていく。ぜひ、学校段階に応じた男女共同参画社会の指導場面や多様な子供への対応について、検討してほしい。

【参考文献】
北野秋男・上野昌之編著『ニッポン、クライシス！―マイノリティを排除しない社会へ』学事出版、2020年。
荒牧重人他編著『外国人の子ども白書―権利・貧困・教育・文化・国籍と共生の視点から【第2版】』明石書店、2022年。
遠藤まめた著『先生と親のための LGBT ガイド―もしあなたがカミングアウトされたなら』合同出版、2018年。
教育の未来を研究する会編『最新教育動向2022』明治図書、2022年。
園山大祐・辻野けんま編著『コロナ禍に世界の学校はどう向き合ったのか―子ども・保護者・学校・教育行政に迫る』東洋館出版社、2022年。
文部科学省『性同一性障害や性的指向・性自認に係る、児童生徒に対するきめ細やかな対応等の実施について（教職員向け）』2016年。

「グローカル」な視点で取り組む国際理解教育とESD・SDGs教育の推進力

第14章

小野豪大

要点と省察的実践のポイント

①教師はグローバルでローカルな視点の意義を理解し、様々な社会課題を多層的にとらえる資質が必要である。

②日本における多様な定住外国人の来歴や滞在の状況を概観し、「外国につながりのある子供」が抱える教育課題や学校における対応策に見通しを持つことが重要である。

③文部科学省の「帰国・外国人児童生徒等」に関する教育施策やその他の活用可能な情報について把握し、個別最適な学習環境を保障しなければならない。

④国連機関と日本国内における国際理解教育の変遷や ESD（持続可能な開発のための教育）及び SDGs（持続可能な開発目標）に関わる教育（以下、ESD・SDGs 教育）の意義を理解し、具体的な教育実践を探求していくことが重要である。

⑤ ESD が SDGs 目標 4「質の高い教育をみんなに」のターゲット4.7に包含され、さらに SDGs の全17目標の実現に寄与する教育構想であることを認識し、日々の教育活動に活かしていく。

1. グローバル化による教育課題

（1）グローバル化とは

新型コロナウイルス感染症（COVID-19）の蔓延はまたたく間に世界規模で拡大し、当初はパンデミックという言葉も流行した。私たちは社会、経済、文化など様々な側面で従来の国家や地域を越えてその結びつきを深めている。これをグローバル化というが、パンデミックが加速することも言わばグローバル化の所以である。メリット、デメリットに関わらず、私たちはグローバ

ル化の流れを逆戻りさせることはできず、今後も様々な課題と向き合っていく必要がある。

　グローバル化の背景には、資本主義の下で規制緩和や自由競争が広がり、人・モノ・金・情報という社会資本のやり取りの活性化があるが、とりわけ情報通信技術（ICT）の進歩はそれを加速化させている。一方で、国家や地域という視点では解決できない、人権、平和、環境、開発といった人類共通の社会課題にも常にグローバルな視点から取り組むべき時代になっている。

（2）教育における「グローカル」な視点

　社会がこうしたグローバル化の中にある一方、私たちの行動は一般に地域的であり、ローカルな範疇が多い。「Think Globally, Act Locally.（地球レベルで思考し、地域レベルで行動しよう）」と言われるが、この両者の視点を掛け合わせた造語が「グローカル」な視点である。日本ではグローバル企業の国際化と現地化の複合的な展開を表す言葉であり、時代はそうした視点と行動力を持ち合わせた「グローカル人材」を常に求めている。

　教育界においても、教育理念の国際的なトレンドを把握しながら、それらと地域的な課題を結びつけて教育活動を推進し、さらに国際的な教育理念に貢献するというように、グローカルな視点が欠かせない。つまり、時代を担う子供たちの教育においても、グローバルでローカルな視点からカリキュラムの運用ができる教職人材が必要となり、さらに彼らの指導力は未来のグローカル人材の育成にもつながっている。

（3）国際人流による日本の内なる国際化

　グローバル化が作り出す国際的な人流は、日本の社会においても、就労、結婚、留学などの様々な在留資格を有する在留外国人やその家族の増加に示されている。

　出入国在留管理庁の統計によると、2021年6月現在の在留外国人の総数は2,823,565人だが、このうち上位3グループをそれぞれ「国籍・地域別」「在留資格別」「都道府県別」でまとめてみた（表1）。補足すると、国籍・地域では、近年、ベトナムが韓国の数を上回り、在留資格では、4位以下に技能実習2号ロ（248,801人）と留学（227,844人）が続く（注1）。

表1 在留外国人統計（国籍別、在留資格別、居住地別上位3グループ）

国籍別	在留資格別	居住地別
1. 中国 （745,411人）	1. 永住者 （817,805人）	1. 東京都 （541,807人）
2. ベトナム（450,046人）	2. 特別永住者（300,441人）	2. 愛知県 （269,685人）
3. 韓国 （416,389人）	3. 技術・人文知識・国際業務 （283,259人）	3. 大阪府 （250,071人）

出典：「令和3年6月末現在における在留外国人数について」出入国在留管理庁ウェブサイト、https://www.moj.go.jp/isa/publications/press/13_00017.html（2022年2月7日 参照）より筆者編集。

　「オールドカマー」と呼ばれるグループは、第二次世界大戦以前から日本に住んでいた朝鮮半島の人とその子孫、及び中国・台湾からの華僑とその子孫と言われ、彼らの多くが特別永住者となっている。また「ニューカマー」と呼ばれるグループは、1970年代から入国した外国人や、1990年の入管法改正により入国が認められた日系人、及びその他の外国人労働者とその子孫である。

　そうした在留外国人の存在自体や在留外国人との交流の積み重ねは、日本及び日本人が内側から国際化する機会を与えてくれる。とりわけ「外国につながりのある子供」は、彼ら自身が教育的なリソース（資源）であると同時に、言語や文化など様々な教育課題を抱えた学習者として存在している。

（4）「外国につながりのある子供」の増加

　「外国につながりのある子供」とは、単に「外国人の子供」、あるいは日本以外の地域に起源や先祖があるところから「海外ルーツの子供」とも称されるが、ここでは「外国と何らかのつながりがある」部分に着目してこの名称を使う。例えば、田中（2021）は「海外にルーツを持つ子供たち」や「海外ルーツの子供」と呼び、その範疇は概ね以下のような状況にあることが共通理解されている（表2）（注2）。

表2 外国につながりのある子供の範疇

- 外国籍である
- 日本国籍（または二重国籍）で保護者のどちらかが外国出身者である

> - 保護者の両方またはどちらかが外国出身者である
> - 海外生まれ・海外育ちなどで日本語が第一言語ではない

出典：田中宝紀著『海外ルーツの子ども支援―言葉・文化・制度を超えて共生へ』青弓社、2021年、16頁より。

　いわゆる「ハーフ」の子供たちも含まれるが、ネガティブなイメージもあるため、「ダブル」や「ミックスルーツ」という別の表現も使われている。また、海外で育った日本人駐在員の子供やラテンアメリカを中心とした日系人の子孫なども含まれる。佐藤（2019）はこうした子供たちの教育について、多元的で連続的な「文化間移動」を経験する側面から理解することを強調する（注3）。

　文部科学省の平成30年度「日本語指導が必要な児童生徒の受入状況等に関する調査」によると「公立学校に在籍している外国籍の児童生徒数」は93,133人（うち日本語指導が必要な児童生徒数は40,485人）、「日本語指導が必要な日本国籍の児童生徒数」は10,274人となっている（注4）。また、「外国人児童生徒等の教育の充実に関する有識者会議　報告書」によると、約2万人の外国人の子供が不就学の可能性が高いという（注5）。これ以外にも、私立学校の状況、日本語指導の必要性の度合い、家庭の言語文化状況など「外国につながりのある子供」の実態は実に多様になっている。

（5）文部科学省や自治体による教育への対応

　文部科学省では、外国につながりのある子供たちに関して、学習指導要領などにおいて「帰国・外国人児童生徒等」という呼称を使用している。「外国人児童生徒受入れの手引き」には、公立学校におけるスムーズな学習活動の推進を目指して学校及び行政関係者が把握すべき事項が簡潔にまとめられている。また、「外国につながる子供向けの教材が知りたい！」は、国際交流基金、文化庁、教育系大学など、他の日本語教育の研究・実践機関が作成した、eラーニングに適した動画、文書・教材、アプリなどをリスト化して掲載している（表3）（注6）。

表 3「外国につながる子供向けの教材が知りたい！」情報サイト（項目のみ抜粋）

- 多言語対応の中学教科単語帳（宇都宮大学多文化公共圏センター HANDS 事業）
- 日本語指導のための授業映像（一般社団法人 CAMEL・明治大学国際日本学部）
- 黒田先生と一緒に学ぼう！字幕版（京都教育大学）
-「生活者としての外国人」のための日本語学習サイト「つながるひろがる にほんごでのくらし」（文化庁）
- 日本語学習教材等（国際交流基金）
- 外国人児童生徒等のための教材提供（愛知教育大学）
- こんにちは日本の歴史（HATO の会）
- カタリバオンライン（NPO 法人カタリバ）
- かすたねっと〜外国につながりのある児童・生徒の学習を支援する情報検索サイト〜（文部科学省）
- 多言語翻訳算数・数学サイト（京都教育大学）

出典：「外国につながる子供向けの教材が知りたい！」文部科学省ウェブサイト、https://www.mext.go.jp/a_menu/ikusei/gakusyushien/mext_00663.html（2022年 2 月 7 日参照）。

　文部科学省独自の帰国・外国人児童生徒の教育のために運営する情報検索サイト「かすたねっと」には学校、教師、支援者が活用を想定した実用的な資料が多数紹介されている。こうした情報サイトからも、全国各地の外国につながりのある子供への対応策が強化されていることがうかがえる。

　こうした中央政府の施策を受け、各自治体や教育委員会、域内教育系大学、地域国際化協会なども、外国につながりのある子供たちに関する教育支援の相談窓口として情報提供や日本語教育サービスなどに務めている。とりわけ、外国人人口の多い集住地域では多文化共生のマチづくりの一環として、各自治体が地域社会と連携しながら、外国につながりのある子供たちの学校教育を含めた外国人住民サービスを独自に展開している。

　2001年に設立された「外国人集住都市会議」は、一定程度の外国人人口を有する地域行政・国際化協会が加盟するネットワーク組織であり、「国際化に必要不可欠な外国人住民との地域共生の確立」を目指している。会員都市は、以下の通りである（表 4 ）（注 7 ）。

表 4　外国人集住都市会議　会員都市（2020年 4 月 1 日現在、全13都市）

群馬県太田市、群馬県大泉町、長野県上田市、長野県飯田市、静岡県浜松市、愛知県豊橋市、愛知県豊田市、愛知県小牧市、三重県津市、三重県四日市市、

> 三重県鈴鹿市、三重県亀山市、岡山県総社市

出典：「外国人集住都市会議の組織」外国人集住都市会議ウェブサイト、https://www.shujutoshi.jp/soshiki/index.htm（2022年2月7日参照）。

　前述した居住地別在留外国人数で全国第2位の愛知県や隣の三重県が会員都市全体の半数を占めているが、今後の全国的な外国人住民サービスの高まりと共に情報交換を求める自治体が増えることも予想される。情報交換の中でも、外国につながりのある子供の教育は、小学校、家庭・保護者、地域コミュニティなどが教育委員会と連携して対応する必要があり、自治体としても比較的優先度が高い分野になる。

2. 国際理解教育やその他の教育理念の展開

（1）国際理解教育と国際教育

　それでは、こうしたグローバル化に伴う現象の中で、国際社会及び日本はどのような教育の在り方を模索してきたのであろうか。ここからは国際理解教育などの変遷を辿りつつ、学校教育における役割について概観したい。

　ユネスコ（国連教育科学文化機関）は、第二次世界大戦後の1946年に誕生した。ユネスコ憲章の前文の冒頭には「戦争は人の心の中で生れるものであるから、人の心の中に平和のとりでを築かなければならない」という有名な一文があり、民主主義原理の否定、無知、偏見などが戦争の背景にあり、文化や教育の推進をもって国際平和を目指すことが謳われている。そうした背景から生まれたキーワードが Education for International Understanding、つまり国際理解教育であった。

　もっとも日本が国連に加盟した1956年当時には、ユネスコはその呼称を Education for International Understanding and Cooperation と変更していたが、邦訳は当初の国際理解教育を維持した。また、当時の日本における国際理解教育の内容は「相互理解」「東西理解」「国連理解」を中心としており、1974年のユネスコの国際教育勧告によって、「人権」「環境」「開発」などが加えられていった。1996年には中央教育審議会答申が国際理解教育を次のように位置づけた（表5）（注8）。

表5　文部科学省における国際理解教育の位置づけ

> 国際理解教育は、各教科、道徳、特別活動などのいずれを問わず推進されるべきものであり、学校ごとに、理念、各教育活動の役割やねらいについて、全教員が共通理解を持って取り組むことが重要である。また、単に知識理解にとどめることなく、体験的な学習や課題学習などをふんだんに取り入れて、実践的な態度や資質、能力を育成していく必要がある。そのためには、国際的な情報通信ネットワークの活用をはじめ、様々な機器や教材の活用のほか、これらの教育にふさわしい人材を学校外から積極的に招くことなども考えられてよいであろう。指導の在り方としては、国際理解教育が総合的な教育活動であることを踏まえて、「総合的な学習の時間」を活用した取組も考えられよう。

出典：「21世紀を展望した我が国の教育の在り方について平成 8 年 7 月19日中央教育審議会 第一次答申」文部科学省ウェブサイト、https://www.mext.go.jp/b_menu/shingi/chuuou/toushin/960701.htm（2022年 2 月 7 日参照）。

　また、2005年の初等中等教育における国際教育推進検討会報告は、それまでの国際理解教育を含めた、より広い範疇の教育活動を表す表現として「国際教育」を定義づけた。すなわち国際教育とは「国際社会において、地球的視野に立って、主体的に行動するために必要と考えられる態度・能力の基礎を育成する」ための教育と定義された。国際理解教育に加え、海外子女教育、帰国・外国人児童生徒教育なども国際教育に含めて考えられた。

（2）グローバル教育と開発教育

　一方、アメリカでは、International Education という呼称でユネスコに類似した教育活動が生まれたが、1960年代末に Global Education に変わっていった。それは1970年代末にグローバル教育として日本に紹介され、従来の国際理解教育を止揚、補完するものとして1980年代以降に広まっていった（注 9 ）。

　開発教育は、1970年にユネスコと FAO（国連食糧農業機関）が Development Education という表現で南北問題や開発援助を理解する教育を示し、欧米の NGO 界における発展を経て、1970年代後半には日本の国際協力NGO などが中心となり開発教育が普及された。開発教育協会によると、現在、開発教育とは「共に生きることのできる公正で持続可能な地球社会づくりに参加するための教育」と定義づけられている（注10）。

（3）ESD・SDGs に通じるグローカルな視点

ESD（持続可能な開発のための教育）は2002年に開催された「持続可能な開発に関する世界首脳会議」で日本が提唱した考え方で、「地球規模の課題を自分事として捉え、その解決に向けて自ら行動を起こす力を身に付けるための教育」と定義されている。グローバルとローカル双方の課題の結びつきに焦点を当てた ESD は、以降「国連持続可能な開発のための教育の10年」（2005〜2014年）、「持続可能な開発のための教育（ESD）に関するグローバル・アクション・プログラム（GAP）」（2015〜2019年）、「持続可能な開発のための教育：SDGs 実現に向けて（ESD for 2030)」（2020〜2030年）と継続されている（図１）。

図１　ESD の基本概念図

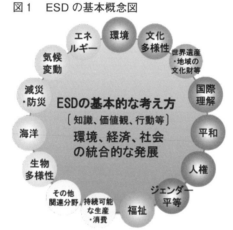

出典：文部科学省国際統括官付日本ユネスコ国内委員会『持続可能な開発のための教育（ESD）推進の手引（令和３年５月改訂版）』、2021年。

一方、2015年に採択された「持続可能な開発のための2030アジェンダ」の中で定めた「持続可能な開発目標（SDGs）」（17目標169ターゲット）では、目標４「質の高い教育をみんなに」のターゲット 4.7に ESD が位置づけられている（注11）。さらに、ESD は目標４のみならず、SDGs の17目標すべての実現に寄与することも国連総会で確認されている（表６）。

表6　SDGs に位置付けられた ESD

目標4：
すべての人に包摂的かつ公正な質の高い教育を確保し、生涯教育の機会を促進
する。
ターゲット4.7：
4.7 2030年までに、持続可能な開発のための教育及び持続可能なライフスタイル、
人権、男女の平等、平和の文化及び非暴力の推進、グローバル・シチズンシップ、
文化多様性と文化の持続可能な開発への貢献の理解の教育を通して、全ての学
習者が、持続可能な開発を促進するために必要な知識及び技能を習得できるよ
うにする。

　日本の学習指導要領において、ESD の考え方は基盤のひとつとして位置
づけられ、前文・総則には「持続可能な社会の創り手」の育成が掲げられ、
社会、理科、家庭、技術・家庭、特別の教科（道徳）にも「持続可能な社会
の構築」の視点が明確に織り込まれている（注12）。また、様々な領域をつ
なげて学習課題を広く深くとらえることから、「教科横断的な学び」が必要
となり、共通するテーマは総合的な学習の時間に掘り下げ、個別分野に関し
ては各教科学習に織り込むなど、カリキュラム・マネジメントの位置づけが
求められる。

3. 学校教育における国際理解教育と ESD・SDGs 教育のデザイン

（1）カリキュラム・マネジメントの3つのアプローチ

　藤原（2020）によると、国際理解教育や ESD・SDGs 教育を学校教育に
おいて促進する場合、カリキュラム・マネジメントが必要であり、それには
下記のような教科融合型、教科統合型、教科超越型の3つのアプローチがあ
る（表7）（注13）。さらにこれらのアプローチが相互に影響し合い、より深
い学びを実現するために、学年教科別の年間指導計画から単元配列表を作成
することが重要である。各教科単元の相互関連を俯瞰することによって、国
際理解や ESD・SDGs などの学習内容の全体展開を確認することができる。

表7　国際理解教育を想定したカリキュラム・マネジメントのアプローチ

①　教科融合型アプローチ
　　社会科、理科、家庭科などの正規の教科に国際理解教育の見方や考え方を

とりいれ、国際理解教育に不可欠な要素と、各教科固有の学習領域を融合し、各教科の授業単元として実践する。

② 教科統合型アプローチ
総合的な学習の時間などを活用して、関連する教科内容もとりいれながら国際理解教育の特設科目などを統合的に実践する。

③ 教科超越型アプローチ
学校行事、職業体験、修学旅行の特別活動を通して、教科や時間という枠を越え、学校全体として国際理解教育を計画、実践する。さらに学校カリキュラムと地域資源を結びつけて行う教育活動も含む。ユネスコの提唱するホールスクールアプローチ（機関包括型アプローチ）と同等のもの。

(注14)　注13同書より筆者再構成した。

（2）ESD・SDGs教育の学習内容

　実際に国際理解教育やESD・SDGs教育が学校教育の中で取り上げられることは増えているが、それはカリキュラムの一部として扱われている例が一般的である。佐藤（2019）は「ESD教育は、学校教育全体の中心目的として捉え直される必要がある」という。さらに佐藤は、ESD教育はSDGsの達成を意識した教育活動であり、単に目標4の教育に関する目標のみではなく、17の目標すべての達成に焦点を当てることの重要性を指摘する。以下に「教科書などにみられる具体的なテーマ」を紹介する（表8）。佐藤の指摘にしたがってESD教育を全校的に取り組むことを想定した場合、ひとつの教科の学習テーマであっても、それを他教科他学年の学習内容にも関連づけてより豊かな形に再構成することによって、より深く学べる可能性も生まれる。

表8　教科書などにみられる具体的なテーマ

- エビとマングローブ	- 資源とエネルギー
- もしも世界が100人の村だったら	- ゴミのゆくえ
- 世界の食糧問題	- さまざまなリサイクル
- 100円ショップ	- 東日本大震災
- コンビニでの買物	- 防災、減災
- 身近な国際協力	- 地域のハザードマップ
- パーム油とマレーシア	- 世界をめぐったじゃがいも
- フェアトレード	- カレーライス・歴史の旅
- 「食」の問題	- キムチと明太子の話

- フードマイレージ	- なぜ広島県は移民が多いのか
- 地産地消	- 幻の大東亜共栄圏－日本とアジア
- 水をお金で買う生活	- 沖縄から見た日本と国際社会
- ペットボトルの水	- カンボジアはかつて戦場だった
- 身近な地域の多文化マップ	- 核兵器の問題
- 地域でくらす外国人	- 車いすで街に出てみよう
- 循環型社会－江戸時代のくらし	- ノーマライゼーションの社会
- 環境家計簿	- 男女共同参画社会
- 雨の酸性度	- ボランティア
- 地球温暖化	- マザーテレサの話
- カキの養殖と森の保全	- マララさんの話

出典：田中治彦・三宅隆史・湯本裕之編『SDGs と開発教育』学文社、2016年、23頁より。

（3）「社会に開かれた教育課程」

　本章の冒頭では、グローカルという表現を使って、グローバルでローカルな視点の双方を持ち合わせることの必要性を述べたが、それは ESD・SDGs 教育の学習環境における「多層性」を意味することでもある。西村（2019）は、SDGs 時代の学習環境について、グローバル、リージョナル、国家、コミュニティ、学校、教育、家庭の各レベルでの教育目標に関する合意と継続的な対話と協働が欠かせないことを指摘している（注15）。また、学習指導要領の理念において「社会に開かれた教育課程」の実現が求められているが、その「社会」とは広義では多層的な社会であり、狭義ではコミュニティを中心とした地域社会だと理解できる。ESD・SDGs 教育は自己や社会の行動変容を促し、SDGs の実現を目指すための教育であり、この「多層性」に関する理解と各層のアクター間の連携した取り組みが SDGs 達成の大きな推進力になるだろう。

　本章の前半では、グローバル化の流れやそれに伴う内なる国際化（在留外国人の増加や学校の多文化化）、さらに外国につながりのある子供の課題について解説した。後半では、国際理解教育をきっかけにしつつ、その時代の影響を受けながら国際教育、グローバル教育、開発教育といった教育概念も生まれ、現在、持続可能な開発のための教育（ESD）が広範なグローカル課題を包含していることも確認できた。教職に携わる者には、時空を超えた想像力や新しい課題への対応力も求められるが、多文化化する学習環境は教育効果としてはプラスに評価される。体験的、包摂的な学びの機会は、国際

理解教育や ESD・SDGs 教育への応用力を一層高めることが期待される。

【注】

注1 「令和3年6月末現在における在留外国人数について」出入国在留管理庁ウェブサイト、https://www.moj.go.jp/isa/publications/press/13_00017.html（2022年2月7日参照）。

注2 田中宝紀著『海外ルーツの子ども支援―言葉・文化・制度を超えて共生へ』青弓社、2021年、16頁。

注3 佐藤郡衛著『多文化に生きる子どもの教育―外国人の子ども、海外で学ぶ子どもの現状と課題』明石書店、2019年、19頁。

注4 「『日本語指導が必要な児童生徒の受入状況等に関する調査（平成30年度）』の結果について」文部科学省ウェブサイト、https://www.mext.go.jp/content/20200110_mxt-kyousei01-1421569_00001_02.pdf（2022年2月7日参照）。

注5 「外国人児童生徒等の教育の充実に関する有識者会議 報告書」文部科学省ウェブサイト、https://www.mext.go.jp/b_menu/shingi/chousa/shotou/151/mext_00255.html（2022年2月7日参照）。

注6 「外国につながる子供向けの教材が知りたい！」文部科学省ウェブサイト、https://www.mext.go.jp/a_menu/ikusei/gakusyushien/mext_00663.html（2022年2月7日参照）。

注7 「外国人集住都市会議の組織」外国人集住都市会議ウェブサイト、https://www.shujutoshi.jp/soshiki/index.htm（2022年2月7日参照）。

注8 「21世紀を展望した我が国の教育の在り方について 平成8年7月19日 中央教育審議会 第一次答申」文部科学省ウェブサイト、https://www.mext.go.jp/b_menu/shingi/chuuou/toushin/960701.htm（2022年2月7日参照）。

注9 国際協力機構・国際開発センター「文部科学省国立教育政策研究所・JICA 地球ひろば共同プロジェクト グローバル化時代の国際教育のあり方国際比較調査 最終報告書」、2014年、9-2頁。

注10 「開発教育とは」開発教育協会ウェブサイト、http://www.dear.or.jp/org/2056/（2022年2月7日参照）。

注11 文部科学省国際統括官付日本ユネスコ国内委員会「持続可能な開発のための教育（ESD）推進の手引（令和3年5月改訂版）」、2021年、2頁。

注12 「持続可能な開発のための教育（ESD：Education for Sustainable Development)」文部科学省ウェブサイト https://www.mext.go.jp/unesco/004/1339970.htm（2022年2月7日参照）。

注13 藤原孝章「2020年度 JICA 地球ひろば主催 国際理解教育・開発教育指導者研修資料『私たちと世界のつながり―持続可能な社会とジブンゴト化 新学習指導要領を踏まえた国際理解教育・開発教育の授業づくりのポイント―with COVID-19―』」、2020年、9頁。

注14 注13同書9頁よりカリキュラム・マネジメントの各アプローチについて筆者がわかりやすく説明した。

注15 北村友人・佐藤真久・佐藤学編『SDGs 時代の教育―すべての人に質の高い学びの機会を』学文社、2019年、256頁。

【参考文献】

北村友人・佐藤真久・佐藤学編『SDGs 時代の教育―すべての人に質の高い学びの機会を』学文社、2019年。

佐藤郡衛著『多文化社会に生きる子どもの教育─外国人の子ども、海外で学ぶ子どもの現状と課題』明石書店、2019年。

田中宝紀著『海外ルーツの子ども支援─言葉・文化・制度を超えて共生へ』青弓社、2021年。

田中治彦・三宅隆史・湯本裕之編『SDGs と開発教育』学文社、2016年。

玉井康之・夏秋英房編『地域コミュニティと教育─地域づくりと学校づくり』一般財団法人放送大学教育振興会、2018年。

毎日新聞取材班編『にほんごでいきる─外国からきた子どもたち』明石書店、2020年。

第15章

人権教育の現代的課題と ESD・SDGs を踏まえた指導力

小野豪大

要点と省察的実践のポイント

①人権教育の歴史的背景と日本における多様な人権課題を常に把握し、学級経営に配慮していくことが重要である。

②子供の人権については、「児童の権利に関する条約」で規定される原則や権利を理解し、権利主体としての子供について意識を高めることが生徒指導上有用である。

③いじめ、児童虐待、児童買春等の防止に関する関係法令を理解した上で慎重かつ適切な指導に備える。

④アイヌ民族の人権については、先住民であるアイヌ民族の歴史的背景や文化的特質を把握し、差別・偏見の存在や関係法令の重要性を理解しつつ、子供の人権にも配慮していく。

⑤在留外国人の人権については、来日に関する歴史的背景や文化的な多様性を把握し、差別・偏見の存在や関係法令の重要性を理解しつつ、子供の人権にも配慮していく。

⑥ ESD（持続可能な開発のための教育）と SDGs（持続可能な開発目標）の教育的意義と人権教育の位置づけについて認識を深めることによって、グローバルな視点から多様な人権教育に取り組むことができる。

1. 人権教育とは何か

（1）世界人権宣言から人権教育まで

この世に生きる人すべては、生まれながらにして人間らしく生きる権利を持っている。今では至極当たり前のそうした考え方が誕生した背景には、第二次世界大戦において繰り返された人権の軽視、侵害を二度と繰り返してはいけないという強い決意があった。国連は、1948年にそうした人類共通の普

遍的価値を表明するものとして全30条からなる「世界人権宣言」を採択した。

　しかし第二次世界大戦後も半世紀に渡って東西冷戦が続き、さらに地域紛争やこれらに伴う人権侵害及び難民発生の問題は一層深刻化した。1993年に国連は「世界人権会議」を開催して「ウィーン宣言及び行動計画」を採択、さらに民主主義の育成と基本的自由の尊重を具体的に強化するために、1995年には「人権教育のための国連10年」を開始した。その後、国連では2005年に「人権教育のための世界計画」が宣言され、その具体的な取組対象や内容を定めた「行動計画」が採択された。第1フェーズ（2005〜2009年）において初等中等教育を対象として以来、現在の第4フェーズ（2020〜2024年）の青少年教育に至るまで、「行動計画」は長い年月をかけて広範な対象にアプローチしてきた（注1）。

　第4フェーズ行動計画では、人権教育は「人権という普遍的文化を構築するために行うあらゆる学習、教育、研修又は情報に関する取り組み」と定義され、さらに人権行使に関する知識・技術、人権尊重の姿勢、人権擁護の行動を育成するための生涯に渡るプロセスであることも明記している。

（2）日本の人権教育と個別的な重要課題

　日本国内では、「人権教育のための国連10年」を受けて、1997年に「人権教育のための国連10年」に関する国内行動計画を策定した。具体的には、学校教育、社会教育、一般企業、特定の職業現場、一般社会など、あらゆる社会活動の現場における人権教育の推進を目指した。この国内行動計画に法的根拠を与え、人権擁護に関わる諸活動の拡充を目指すべく、2000年には「人権教育及び人権啓発の推進に関する法律（平成12年法律第147号、人権教育・啓発推進法）が制定された。同法第2条は、人権教育を「人権尊重の精神の涵養を目的とする教育活動」と定義している（注2）。

　また、文部科学省は、人権教育の具体的、実践的な活動指針について、2004年に「人権教育の指導方法等の在り方について（第一次とりまとめ）」を策定、以降、2006年に「第二次とりまとめ」、2008年に「第三次とりまとめ」を公表した。これらの資料は人権教育の手引きとして全国の学校・教育委員会を中心に活用され、さらに地方自治体による独自の指導指針や指導書の作成にも影響を与えた。

表1　時代によって変化する人権教育の個別的な重要課題の範疇

1997年時点	2021年時点
①女性、②子供、③高齢者、④障害者、⑤同和問題、⑥アイヌの人々、⑦外国人、⑧HIV感染者等、⑨刑を終えて出所した人等	①女性、②子供、③高齢者、④障害者、⑤同和問題、⑥アイヌの人々、⑦外国人、⑧HIV感染者・ハンセン病患者等、⑨刑を終えて出所した人、⑩犯罪被害者等、⑪インターネットによる人権侵害、⑫その他（北朝鮮当局によって拉致された被害者等、性的指向を理由とする偏見・差別、ホームレスの人権、性同一性障害者の人権、人身取引等） ※新型コロナウイルス感染症による偏見・差別への対応も含む

出典：首相官邸・人権教育のための国連10年推進本部『「人権教育のための国連10年」』に関する国内行動計画」、1997年。文部科学省・学校教育における人権教育調査研究協力者会議「人権教育を取り巻く諸情勢について〜人権教育の指導方法等の在り方について〔第三次とりまとめ〕策定以降の補足資料 令和3年3月」、2021年。

　2021年には「第三次とりまとめ」の策定以降の社会情勢の変化を踏まえて「補足資料」が作成された。ここでは、人権教育の個別的重要課題の範疇が1997年当初と比較して一段と拡大していることが確認できる（表1）。

（3）日本の人権教育に関連する法律や関係通知等

　日本国憲法は、日本国民の基本的人権を保障しており、その条文は様々な法律や関係通知の中で最も根源的である。第11条は「国民は、すべての基本的人権の享有を妨げられない。この憲法が国民に保障する基本的人権は、侵すことのできない永久の権利として、現在及び将来の国民に与へられる」と規定する。また、第13条は「生命、自由及び幸福追求の権利」、第14条は「平等や差別されない権利」など、個別の権利も保障する。

　しかし、実際は広範な人権教育の重要課題に対する具体的施策が個別的に求められるため、政府及び関係省庁は時代に合った人権関連法の制定・改正や関係通知等を行うことによって対応してきた。本章では、多くの個別的重要課題の中でも、学校教育及び多文化共生との関連から、「子供」「アイヌの人々」「外国人」の人権課題について選択的に取り上げる。

2. 人権教育の現代的課題①〜子供

（1）学校における人権教育

　教育の場においては、学習者の発達段階や居住する地域の実情に合わせ、

学校教育及び社会教育を含めた生涯教育の視点から人権教育に取り組む必要
がある。その中でも、個別的な人権課題の「子供」が自分や仲間、さらに家
庭や地域との関係性を主体的、総合的に学ぶ場として、学校教育における人
権教育の重要性は高い。『人権教育・啓発白書』では、以下の 4 つの項目で
その特徴を紹介している（表 2 ）。

表 2　学校教育における人権教育の特徴

①人権教育の推進
・人権教育の指導方法等の調査研究の実施や成果普及
・各都道府県教育委員会等の人権教育の実践事例や指導資料の収集、公表
・指導主事連絡協議会の開催や指導者養成研修等の実施
②道徳教育の推進
・学習指導要領に基づく 4 つの道徳性と発達段階に応じた人権教育
・小・中学校における「特別の教科 道徳」の実施
・学校地域の実情等に応じた道徳教育の支援に資する事例収集と情報提供
③地域や学校における奉仕活動・体験活動の推進
・具体的な事物との関わりを通じた体験活動の推進
・長期宿泊体験の事業実施
④教師の資質向上等
・養成・採用・研修の各段階を通じた資質向上
・中堅教諭等の資質向上研修や初任者研修等の実施

出典：法務省・文部科学省編『人権教育・啓発白書（令和 3 年度版）』、2021年、 2 - 3 頁
より筆者編集。

（2）「子供」を人権侵害から守る法律等

　世界的な視点で「子供」が持つ基本的人権の尊重と保護を規定した「児童
の権利に関する条約（子どもの権利条約）」は、1989年に国連総会で採択さ
れ、日本では1990年に条約署名、1994年に批准された。前文と全54条から成
る条文の中には 4 つの原則（①命を守られ成長できること、②子供にとって
最もよいこと、③意見を表明し参加できること、④差別のないこと）や 4 つ
の権利（①生きる権利、②育つ権利、③守られる権利、④参加する権利）が
具体的に記されている（注 3 ）。

　一方、日本の学校教育と関連が深い論点として、既出の「第三次とりまと
め」の中では、「いじめ」「不登校」「児童虐待等」などの問題解決を目指す
ための拠り所となる法律が解説されている。

　「いじめ」に関しては、2013年に公布された「いじめ防止対策推進法」（平成25年法律第71号）がある。その第1条は「いじめが、いじめを受けた児童等の教育を受ける権利を著しく侵害し、その心身の健全な成長及び人格の形成に重大な影響を与えるのみならず、その生命又は身体に重大な危険を生じさせるおそれがあるもの」と規定し、いじめが人権侵害であることを明確にしている。「不登校」に関しては、2016年に公布された「義務教育の段階における普通教育に相当する教育の機会の確保等に関する法律」（平成28年法律第105号）がある。その第1条では「教育基本法」「児童の権利に関する条約等の教育に関する条約」「いじめの防止等のための基本的な方針」などが子供の教育を受ける権利を保障することを明示している。「児童虐待等」に関しては、2000年に公布された「児童虐待の防止等に関する法律」（平成12年法律第82号）の第1条において、「児童虐待が児童の人権を著しく侵害」するものと規定され、児童虐待が人権侵害であることを示す。

　また、1947年に制定され、その後に度々改正された「児童福祉法」（昭和22年法律第164号）は子供に関する総合的基本法と言われている。その第1条は、「全て児童は、児童の権利に関する条約の精神にのっとり、適切に養育されること、その生活を保障されること、愛され、保護されること、その心身の健やかな成長及び発達並びにその自立が図られることその他の福祉を等しく保障される権利を有する」と児童のあらゆる権利を明確にしている。

　さらに、児童に対する性的搾取や性的虐待に該当する児童買春や児童ポルノを取り締まるために、「児童買春、児童ポルノに係る行為等の規制及び処罰並びに児童の保護等に関する法律」（平成11年法律第52号）が1999年に公布されている。近年は子供の行動範囲は学校、地域、家庭といった物理的な場所を越え、インターネットを介して性被害に遭うケースも増えていることにも留意すべきであろう。

（3）「子供」に関する取り組みの基本的考え方・観点

　「第三次とりまとめ」の中には個別的な人権課題についての基本的な考え方や観点が前掲の関係法令と共にまとめられている（表3）。

表3　個別的な人権課題に関する取り組み（1）子供

課題	取り組みに当たっての基本的な考え方・観点	関係法令等
子供	子供の人権の尊重とその心身にわたる福祉の保障及び増進などに関しては、様々な国内法令や国際条約等においても、その基本原理ないし理念が示されている。 　しかしながら、我が国における子供たちを取り巻く環境は、いじめ・校内暴力や、児童虐待、児童買春・児童ポルノなど、懸念すべき状況にある。大人たちが、未来を担う子供たち一人一人の人格を尊重し、健全に育てていくことの大切さを改めて認識して、自らの責任を果たしていくことが求められており、子供の人権の尊重及び保護に向け、社会全体が一体となって取り組んでいく必要がある。 　このような中、学校においては、人権尊重の意識を高める教育の一層の推進に努めるとともに、幼児児童生徒の人権に十分配慮し、一人一人を大切にした教育指導や学校運営が行われるように努める。	・教育基本法 ・児童福祉法 ・児童虐待の防止等に関する法律 ・児童買春、児童ポルノに係る行為等の処罰及び児童の保護等に関する法律 ・児童憲章 ・児童の権利に関する条約

出典：文部科学省・人権教育の指導方法等に関する調査研究会議「人権教育の指導方法等の在り方について［第三次とりまとめ］実践編〜個別的な人権課題に対する取組〜」、2008年。関係法令等は筆者更新。

3. 人権教育の現代的課題②〜アイヌの人々

（1）人権課題としてのアイヌ民族

　アイヌ民族は、17〜19世紀に東北地方北部、北海道、サハリン（樺太）、千島列島に及ぶ広範な地域をアイヌモシリ（人間の住む大地）として先住した歴史を有する。しかし、19〜20世紀には、日本政府によってアイヌの言語や伝統的な文化風習は禁じられ、「土人」「旧土人」という別称と共に差別的な対応がとられたことも史実である。1899年に制定された「北海道旧土人保護法」（明治32年法律第27号）は、農地、医療、生活扶助、教育などの「保護」という名の同化政策だったと言える。結局、同法は1997年に「アイヌ文化の振興並びにアイヌの伝統等に関する知識の普及及び啓発に関する法律」（平成9年法律第52号、アイヌ文化振興法）が制定されると同時に廃止されたが、長きに渡り日本のアイヌ民族観に影響を与えた。さらに、そのアイヌ文化振興法も、2019年に「アイヌの人々の誇りが尊重される社会を実現する

ための施策の推進に関する法律」（平成31年法律第16号、アイヌ施策推進法）が制定されると共に廃止となった。アイヌ施策推進法には、アイヌ民族が日本の「先住民族」であると明記されたことは画期的であるが、同化政策の中で奪われたアイヌ民族の権利が回復されたわけではない。また、実生活の面でもアイヌ民族に対する差別や偏見はいまだに存在しており、道外に移住してアイヌ民族を自称しないことを選んだ人々も数知れず、人権教育における個別的な課題のひとつである事実も変わりない。

（２）アイヌ民族が受ける差別・偏見

　北海道環境生活部は長年アイヌ民族に関する生活実態について調査を実施してきたが、直近の調査結果の概要には以下のように記されている（表４）。

表４　「北海道アイヌ生活実態調査報告書」の調査結果（概要）

調査の対象としたアイヌの人たちは、5,571世帯、13,118人であり、前回調査（平成25年）との比較では、1,309世帯、3,668人の減となっている。主な項目を前回調査と比較すると、生活保護率は減少しており、昭和47年調査以降、アイヌ居住市町村との格差は連続して減少している。高校、大学への進学率はそれぞれ増加しているが、大学進学率についてはいまだ格差が見られる。一方で、アイヌ居住市町村や全道との比較においては、いろいろな項目について今も格差が存在するとともに、現在もいわれのない差別があるということが結果に表れている。現在、国が進めているアイヌ政策の再構築において特に望むものとしては、子弟教育が最も高く、次いで生活と雇用安定、文化の保存伝承のための対策があげられている。

出典：北海道環境生活部アイヌ政策推進局アイヌ政策課『「平成29年度北海道アイヌ生活実態調査報告書」の調査結果（概要）』、北海道庁ウェブサイト、https://www.pref.hokkaido.lg.jp/ks/ass/new_jittai.html（2022年1月20日参照）。

　特に「アイヌ民族に対する差別の状況」に関しては、「差別を受けた、あるいは他人が受けたのを知っている」が36.3％であり、2013年の同様の調査の結果と同程度だという。また、「差別を受けた場面」に関する回答の上位3つは、「学校で」が79.2％、「結婚のことで」が29.2％、「職場で」が26.9％であった。さらに「差別の原因・背景」については、「人種的偏見に基づく差別」が59.0％、「アイヌ民族の歴史的・社会的背景に対する未理解に基づく差別」が46.3％、「経済的理由に基づく差別」が25.4％である。こ

うした統計からも、学校教育の中でアイヌ民族に関する人権教育を扱う意義が浮かび上がる。

（3）「アイヌの人々」を人権侵害から守る法律等

　アイヌ施策推進法をもう少し詳しく見ると、その目的は「アイヌ施策の推進に関し、基本理念や国等の責務、政府による基本方針の策定などについて定めることにより、アイヌの人々が民族としての誇りを持って生活することができ、その誇りが尊重される社会の実現を図り、全ての国民が相互に人格と個性を尊重し合いながら共生する社会の実現に資すること」である。また、差別の禁止についても「何人も、アイヌの人々に対して、アイヌであることを理由として、差別することその他の権利利益を侵害する行為をしてはならない」（第4条）と定めている。

　人権教育・啓発に関しては「国及び地方公共団体は、教育活動、広報活動その他の活動を通じて、アイヌに関し、国民の理解を深めるよう努めなければならない」（第5条第3項）と規定され、衆議院・参議院の国土交通委員会が出した附帯決議には「アイヌの人々に対する差別を根絶し、アイヌの人々の民族としての誇りの尊重と共生社会の実現を図るため、アイヌに関する教育の拡充」が表明された。

（4）「アイヌの人々」に関する取り組みの基本的考え方・観点

　前掲の「子供」同様に、「第三次とりまとめ」の中に、「アイヌの人々」の人権に関する基本的な考え方や観点が関係法令と共にまとめられている（表5）。

表5　個別的な人権課題に関する取り組み（2）アイヌの人々

課題	取り組みに当たっての基本的な考え方・観点	関係法令等
アイヌの人々	アイヌの人々の文化や伝統は、今日では十分に保存・伝承が図られているとは言い難い現状にある。また、アイヌの人々の経済状況や生活環境、教育水準等は、アイヌの人々が居住する地域において、他の人々となお格差があることが認められるほか、結婚や就職等における偏見や差別の問題がある。	・アイヌの人々の誇りが尊重される社会を実現するための施策の推進に関する法律

　こうした中、国民一般がアイヌの人々の歴史、文化、伝統及び現状に関する認識と理解を深め、アイヌの人々の人権を尊重する観点から、取組を推進することが求められている。
　学校教育では、アイヌの人々について、社会科等において取り上げられており、基本的人権の尊重の観点に立った教育を推進する。

出典：文部科学省・人権教育の指導方法等に関する調査研究会議「人権教育の指導方法等の在り方について［第三次とりまとめ］実践編〜個別的な人権課題に対する取組〜」、2008年。関係法令等は筆者更新。

4. 人権教育の現代的課題③〜外国人

（1）人権課題としての外国人

　人口減少によって労働力不足が深刻な日本社会にとって、外国人材を受け入れ、共生を促進することは積極的な意味を持っている。しかしながら、単一民族的な考え方がいまだに根強い日本は、歴史的に外国人を差別や偏見の対象としてきた事実がある。

　現代の在留外国人の多くは、第二次世界大戦以前より来日した朝鮮半島出身の人々や中国・台湾出身の華僑及びその子孫に加えて、1970年代以降に来日したラテンアメリカ出身の日系人やアジア諸国出身の労働者及びその子孫などである。2021年度末における在留外国人数は2,823,565人であり、国籍別上位3か国は、中国、ベトナム、韓国となっている。在留資格は永住者や特別永住者も多いが、近年は国策の影響から技能実習や留学も増加している（注4）。この他にも多様な来日経緯を有する外国人が日本各地に在住するが、場所を問わず主流社会との間で人権課題を抱えている人たちも多い。

（2）外国人が受ける差別・偏見

　一口に「外国人」が受ける差別や偏見といっても、内容については千差万別であり、社会的行為として表出されたものから内的心理的なものまで存在する。人権啓発推進センターの「外国人住民調査報告書」には、様々な社会的不利益を被った経験が掲載されている。典型的な事例では、外国人だからという理由でアパート・マンションを貸してもらえない、結婚や就職を断られる、温泉や公衆浴場の利用を拒否される、などは今でも頻繁に起こってい

る。また、日本に帰化した元外国籍の人たちも、その「見た目」から差別や偏見を受けるケースもある。地域的には、特定の国や民族に由来したヘイトスピーチにつながったり、学校でのいじめや不登校の原因になったりしている。

前述の「アイヌの人々」や「外国人」の人権課題は、日本社会における民族的なマイノリティに対する差別や偏見が論点にされているが、それは翻って日本人あるいは日本社会におけるマジョリティの人権意識の低さを如実に投影している。

次に述べる調査結果は、様々な差別や偏見を体験した在留外国人から人権教育・啓発の必要性を訴えられたものである（表6）。地域や学校で日常的に日本人と交流しながらも、人権配慮を願う切実な思いも抱いていることが推察される。

表6　在留外国人に対するアンケート結果（抜粋）

●外国人に対する差別や偏見をなくすために、国や地方公共団体には、どのような取組が必要だと思いますか？（複数回答）⇒回答者数：4,252件
〈上位3項目のみ〉
・外国人の文化や生活習慣の違いを認めてお互いを尊重することを積極的に啓発する。⇒2,591件（60.9%）
・地域社会の活動に外国人の参加を促すなど外国人と日本人との交流の機会を増やす。⇒2,255件（53.0%）
・日本人に、外国人の法的地位や権利、生活状況等について、正確な知識を伝える。
⇒1,930件（45.4%）
●子供の教育に関して希望すること、心配していることがありますか？（複数回答）
⇒回答者数：4,252件
〈上位3項目のみ〉
・学校で子供が名前（本名）や国籍などを理由にからかわれたり、いじめにあったりしないか心配である。⇒1,278件（30.1%）
・学校に多文化教育・人権教育の専門職を設置してほしい。⇒1,082件（25.4%）
・学校では日本語ばかり使い、母語・母国語が使えなくなっている。母語・母国語を学べる場がほしい。⇒918件（21.6%）

出典：公益財団法人人権教育啓発推進センター『平成28年度法務省委託調査研究事業 外国人住民調査報告書―訂正版―』、2017年

（3）「外国人」を人権侵害から守る法律等

　既出の「第三次とりまとめ」によると、「外国人」の人権に関わる具体的な法律は、2016年に制定された「本邦外出身者に対する不当な差別的言動の解消に向けた取組の推進に関する法律」（平成28年法律第68号、ヘイトスピーチ解消法）である。この法律は、特定の民族や国籍の人々を排斥する差別的言動であるヘイトスピーチの解消を主眼にしつつ、国の基本理念や責務に基づく施策を推進することを目指すものである。同法の前文には、人権教育の必要性も含めた理念が以下のように表現されている。

　「我が国においては、近年、本邦の域外にある国又は地域の出身であることを理由として、適法に居住するその出身者又はその子孫を、我が国の地域社会から排除することを煽動する不当な差別的言動が行われ、その出身者又はその子孫が多大な苦痛を強いられるとともに、当該地域社会に深刻な亀裂を生じさせている。もとより、このような不当な差別的言動はあってはならず、こうした事態をこのまま看過することは、国際社会において我が国の占める地位に照らしても、ふさわしいものではない。ここに、このような不当な差別的言動は許されないことを宣言するとともに、更なる人権教育と人権啓発などを通じて、国民に周知を図り、その理解と協力を得つつ、不当な差別的言動の解消に向けた取組を推進すべく、この法律を制定する。」

　また、同法第6条には、国や地方公共団体の責務として「本邦外出身者に対する不当な差別的言動を解消するための教育活動を実施する」ことが規定され、ヘイトスピーチの解消に向けた人権教育の重要性が裏付けられている。

（4）「外国人」に関する取り組みの基本的考え方・観点

　前掲同様に「第三次とりまとめ」の中に、基本的な考え方や観点が前掲の関係法令と共にまとめられている（表7）。

表7　個別的な人権課題に関する取り組み（3）外国人

課題	取り組みに当たっての基本的な考え方・観点	関係法令等
外国人	近年の国際化時代を反映して、我が国に在留す	・外国人登録法

る外国人は年々急増しており、我が国の歴史的経緯に由来する在日韓国・朝鮮人等をめぐる問題のほか、外国人に対する就労差別や入居・入店拒否など様々な人権問題が発生している。 　このような中、外国人に対する偏見や差別意識を解消し、外国人の持つ文化や多様性を受け入れ、国際的視野に立って一人一人の人権を尊重していく観点からの取組が求められる。 　学校においては、国際化の著しい進展を踏まえ、その教育活動全体を通じて、広い視野を持ち、異文化を尊重する態度や異なる習慣・文化を持った人々と共に生きていく態度を育成するための教育の充実を図る。 　なお、外国人の人権に関する学習を進める際には、地域に在住する外国人や、地域の学校に在籍する外国人児童生徒等の実態を把握しておくことが重要である。	・難民の地位に関する条約 ・本邦外出身者に対する不当な差別的言動の解消に向けた取組の推進に関する法律

出典：文部科学省・人権教育の指導方法等に関する調査研究会議「人権教育の指導方法等の在り方について［第三次とりまとめ］実践編〜個別的な人権課題に対する取組〜」、2008年。関係法令等は筆者更新。

5. ESD・SDGs を踏まえた人権教育の指導力

（1）ESD（持続可能な開発のための教育）との関係

　ここまで、国際及び国内の人権教育に関する関係法令や取り組みを概観しながら、とりわけ日本国内における個別的な人権課題として「子供」「アイヌの人々」「外国人」の3つの論点おける基礎的事項を確認した。しかし、表1でとらえたように、現代日本社会には実に多様な人権課題が存在している。とりわけ学校教育において人権教育を扱う場合には、それらの課題を独立的に扱うよりも、グローバルとローカルの双方の視点で、相互に関連性が高く、また重層的なものとして紹介するべきであろう。その枠組みとなるのが ESD（持続可能な開発のための教育）と SDGs（持続可能な開発目標）である。

　ESD は、2002年の「持続可能な開発に関する世界首脳会議」において日本が提案、ユネスコを主導機関として「国連持続可能な開発のための教育の10年」（2005〜2014年）が採択され、その後も活動フォローアップを経て、SDGs（2020〜2030年）へと継承された。したがって SDGs の実現を目指す

すべての教育活動が ESD と同心円を描くと言ってもよいだろう。ESD の意図する教育は、端的に言えば「地球規模の課題を自分事として捉え、その解決に向けて自ら行動を起こす力を身に付けるための教育」であり、あらゆる社会課題を統合的に学ぶ学習内容には人権教育も含まれている。

（2）「持続可能な開発のための2030アジェンダ」と SDGs における人権教育

「持続可能な開発のための2030アジェンダ」は、2015年に国連サミットで採択されたもので、SDGs（持続可能な開発目標）はその中心的存在である。誰一人取り残されることのない、持続可能で多様性や包摂性にあふれた社会の実現を目指して、2030年を期限とした全世界的な取り組みが17の目標、169のターゲット、232の指標と共に記されている。

人権教育については「持続可能な開発のための2030アジェンダ」の前文に「すべての人々の人権を実現」という表記がある。さらに本文には「我々は、人権、人の尊厳、法の支配、正義、平等及び差別のないことに対して普遍的な尊重がなされる世界を思い描く」や「世界人権宣言、他の人権関連国際文書、国際法、国連憲章に則り、人種、肌の色、性別、言語、宗教、政治若しくは信条、国籍若しくは社会的出自、貧富、出生、障害等の違いに関係なく、すべての人の人権と基本的な自由の尊重、保護及び促進責任を有することを強調する」と記され、人権尊重の思想が丁寧に描かれている。また、SDGs の目標4「質の高い教育をみんなに」におけるターゲット4.7にも、人権教育の重要性が記されている。

（3）人権教育の指導力向上を目指して

小中学校を想定した場合、道徳、社会科、外国語活動、総合的な学習の時間など学習内容として個別的な人権課題を扱うこともできるが、ESD やSDGs のアプローチと共に多様な人権課題に触れられるように配慮することが望ましい。そのためには、学校全体でカリキュラム・マネジメントを通して教科横断型の指導を展開することが推奨される。また、人権教育に関連するゲスト講師を招いたり、校外学習やボランティア活動の機会を作ったり、地域社会により開かれた学習過程を試行することも重要になる。

一方、2019年以降、新型コロナウイルス感染症（COVID-19）拡大により、

学校教育においても直接対話的な指導やコミュニケーションを控え、SNS を含めたオンライン学習を取り入れる機会が多くなった。その積極面を認める一方で、他者への配慮、尊重、協力、共生といった人権教育において重要な倫理観や責任感の醸成には一層の工夫が必要となっている。本章で取り上げた個別的人権課題の中にある「アイヌの人々」や「外国人」に直接的に学ぶ機会を作ろうとしても、近隣にいない、いても交流を好まないケースもあるだろう。しかし、地域社会の概念をより広く考え（時に海外も含め）、オンライン交流、直接交流に関わらず、可能なやり方で人権学習のリソースパーソンを募る可能性は確実に広がりつつあり、教師の工夫によって指導力を高めることができる。そうした取り組みの一つ一つが学習者の人権感覚を刺激することによって人権尊重の姿勢や人権擁護の行動につながり、多文化共生の社会づくりに貢献することを期待したい。

【注】

注 1　文部科学省・人権教育のための国連 10 年推進本部「人権教育のための国連 10 年に関する国内行動計画」、1997 年。

注 2　法務省・文部科学省編『人権教育・啓発白書（令和 3 年度版）』、2021 年、2 頁。

注 3　「子どもの権利条約」ユニセフウェブサイト、https://www.unicef.or.jp/about_unicef/about_rig.html（2022 年 1 月 20 日参照）。

注 4　「令和 2 年末現在における在留外国人数について（令和 3 年 3 月 31 日報道発表資料）」出入国在留管理庁ウェブサイト、2021 年、https://www.moj.go.jp/isa/publications/press/13_00014.html（2022 年 1 月 18 日参照）。

【参考文献】

「アイヌ民族とは」公益社団法人北海道アイヌ協会ウェブサイト、https://www.ainu-assn.or.jp/ainupeople/index.html（2022 年 1 月 20 日参照）。

公益財団法人人権教育啓発推進センター「平成 28 年度 法務省委託調査研究事業 外国人住民調査報告書—訂正版—」、2017 年。

国連第 42 回人権理事会「『人権教育のための世界計画』第 4 フェーズ行動計画」外務省仮訳、2020 年。

北村友人・佐藤真久・佐藤学編『SDGs 時代の教育—すべての人に質の高い学びの機会を』学文社、2019 年。

佐藤郡衛著『多文化社会に生きる子どもの教育—外国人の子ども、海外で学ぶ子どもの現状と課題』明石書店、2019 年。

人種差別実態調査研究会「日本国内の人種差別実態に関する調査報告書」日弁連法務研究財団研究番号 120、2016 年。

玉井康之・夏秋英房編『地域コミュニティと教育—地域づくりと学校づくり』一般財団法人放送大学教育振興会、2018 年。

札幌市教育委員会「アイヌ民族の歴史・文化等に関する指導資料—第 6 集—」札幌市ウェブサイト、https://www.city.sapporo.jp/kyoiku/top/education/ainu/ainu_minzoku.

html（2022年1月19日参照）。

首相官邸・人権教育のための国連10年推進本部「『人権教育のための国連10年』に関する国内行動計画」、1997年。

「人権教育・啓発に関する基本計画（2002年策定、2011年変更）」法務省ウェブサイト、https://www.moj.go.jp/JINKEN/JINKEN83/jinken83.html（2022年1月21日参照）。

法務省・文部科学省編『人権教育・啓発白書（令和3年度版）』、2021年。

北海道環境生活部アイヌ政策推進局アイヌ政策課「『平成29年度北海道アイヌ生活実態調査報告書』の調査結果（概要）」、北海道庁ウェブサイト、https://www.pref.hokkaido.lg.jp/ks/ass/new_jittai.html（2022年1月20日参照）。

文部科学省・学校教育における人権教育調査研究協力者会議「人権教育を取り巻く諸情勢について～人権教育の指導方法等の在り方について〔第三次とりまとめ〕策定以降の補足資料 令和3年3月」、2021年。

文部科学省・国際統括官付日本ユネスコ国内委員会「持続可能な開発のための教育（ESD）推進の手引（令和3年5月改訂版）」、2021年。

文部科学省・人権教育の指導方法等に関する調査研究会議「人権教育の指導方法等の在り方について［第三次とりまとめ］実践編～個別的な人権課題に対する取組」、2008年。

終章　現代的課題に対応できる子供の資質・能力と協働性を育む新たな教師の役割

棚澤　実

　現代的課題とは何かと聞かれると、グローバル化や情報化に伴う課題、少子高齢化や人口減少に関わる課題、食や貧困、健康被害、国民医療に関わる課題、格差社会、年金制度、災害…等、次から次へと頭に浮かんでくる。そして、これらの課題は、さらに高度化、多様化、複雑化の様相を呈し、現れてくる。つまり、

・これまでに経験したことのない
・想像（予想）することのできない
・既存の理論や根拠、これまでの正解が通用しない
・一学問分野の知見では対応できない
・答えが一つでない
・簡単には答えのでない
・今までの生き方や考え方を転換させられるような
　　　　　　　　　　　　　　　　　　　　　　　：

課題

など、色々な言い方ができる。

　私たちは、このような課題を前に、どのように考え行動しなければならないのであろうか。

　筆者は、目の前に突き付けられた課題が、取り組むべき課題である前に、別の課題が存在すると考えている。それは、私たちの考え方を変えなければならないという課題である。

まずは、批判的に見て、自分で真実を追求し、追究する姿勢をもつことが大切である

ということである。少子高齢化や人口減少に関わる課題にしても、食糧や貧困、情報化や格差社会に関わる課題等にしても、まずは、その提示されている課題や背景、そして、取組内容を鵜呑みにするのではなく、

「本当に、そうなのだろうか？」

と、真実を探ることから始める必要がある。

　今の世の中は、「○○のような課題があるから、□□年までに〜しなければならない」という形式の、すべきこととして強調されていることが多いことに気づく。混沌とした世界の中で生きることが当たり前なのだから、「〜しなければならない」「〜することを目指す」と言われれば、世間一般的に市民権を得ているようなテーマについては、何の疑問も持たずに「〜することが当たり前である」という見方になっているのではないだろうか。しかし、この論調に全て従うことが、人間として自律的に生きていくことなのだろうか。知らないことや理解できないことは自分自身で調べ、そして、調べた上で思考・判断し表現する過程を大事に扱いたいということである。

　つまり、

既にある、自明のこととして提示され主張されたことを疑うところから、学びはスタートする

と考えるのである。

　この疑う部分を欠いた取組の先には、権威主義や同調行動、同調圧力、そして、お決まりのことしか行えない思考停止状態が待っている。はじめから、取組の方向が決まっていることに、疑問を感じる必要がある。それが真実を探る眼であり、騙されない見方を養っていくことにつながる。

　繰り返しになるが、これからの社会では、自律した人間として生きていく必要がある。日常的に幾度となく配布される多種多様なチラシ（ゴミとして扱われることも多いが）、テレビで報道される、いつも同じパターンの論調による情報等を、まずは、批判的に考え疑ってみる姿勢をもつことである。最終的に、自分の行動の責任を取るのは、自分自身なのである。だからこそ、その他大勢が話しているから、行っているからという考え方に、一人一人が終止符を打たなければならない。（もちろん、最終的に同じ行動を取ることになることもあるだろう。考えずにただ従うということからの脱却を意味している。）

　私たちは、これまでの知識や理解・技能、既存の理論に頼るだけでは、あるいは、単に世間一般の言動に合わせた同調行動では、対応できないことをこれまでも経験し、苦汁をなめてきたはずである。自分を見失い二の足を踏

むのではなく、思考し続ける必要がある。教育界も子供にたくましく生きていくことのできる資質・能力を育むと明言しているのだから、絶好の機会として、教員も子供も、保護者や地域住民も、固定的な見方を疑うとともに、未だ権威を保っている、

形式的再生という知育偏重主義からの脱却を図る

必要がある。

　感染症の影響を契機として教育の在り方も変容し、取組の成果と課題も明確になってきた。例えば、ICTを活用したオンラインによる授業は、もちろん効果もあると考えるが、あくまでも一つの方法である。実際に五官を働かせた実体験に勝るものはない。もし、ICT活用による授業が権威をもつとなれば、その時こそ、教員の授業研究の広さや深さが、必要となる。また、生徒指導であれば、子供の実態把握とその対応への多様さに留意しなければならない。つまり、ある型や方法のみで良しとする考えは、その型や方法という権威に依存していることと同じであり、目の前で躓き困っている子供を置き去りにしていることに気づけない状況を自分から作っていることになる。

　現場経験の長い筆者にとっても、教師の置かれている多忙化という状況からは、定式化や固定化したある方法は、教師にとっては効率的であり、便利であり、時間の節約が可能となり、僅かではあるが、心に余裕を感じさせてくれるかもしれない。

　しかし、残念ながら、

この方法のみでは、画一的、硬直的な教育を後押しする構図となっている

ことに、気づかなければならない。

　数年前にあるテレビ番組で、小学校中学年ごろ（低学年の場合もある）から放課後では塾で勉強し、帰宅後も勉強し続け受験に備えた生活を強いられている様子（筆者には少なくともそう映った）を見た。このような他の番組も見てきたが、その様相は、勉強の場や内容、方法に違いはあれども、結局、子供の勉強に取り組む姿自体が、数十年に渡り変わっていないという現実である。いつまでこの状況が続くのかと思わざるを得ない。そして、先の番組では、受験が終わったとたん、燃え尽き症候群のような状態に陥る子供も現れる。今を我慢して一生懸命勉強すれば、大学進学後や卒業後は安泰な生活が待っているというような親のコメントが流れる。成長期の大事な時期に

様々な体験がなく、失敗しすぎず、できるだけ躓かないようにと先取りし他の人よりも早く知識を詰め込み、１点でも高く点数を取ることにあくせくする状況は、あるいは、それを暗黙のうちに認めている世の中は、正常と言えるのだろうか。燃え尽き症候群やひきこもりのようになった子供は、ある意味、初めて自分自身の生き方を見つめ、自分の人生に向き合い苦しんでいるのである。親は、その様子を見て「今は、見守りやりたいことができるよう…」と静かに語る。（だからと言って、責任の矛先を向けるつもりはない。）

　１点、２点を勝ち抜き、いわゆる「勝ち組」と言われる子供がいる。逆に、１点、２点で悔し涙を流す子供もいる。この差は、人生においてどのような意味を持つのだろうか。どれほどの意味があるのだろうか。子供の個性を大事に自分のやりたいことを思う存分できる生きる力を身に付けることが大切であると言う。ならば、少なくとも、社会は、責任をもって彼らを受け入れる環境を整えるべきではないのか。点数による振り分けを強いられ、そのために20年余りの日常生活をがんじがらめに強いられ続けたあげく、「社会に出るときは自分で進むべき道を決めよ」とは、何とも心もとない無責任で成熟できていない残念な社会であると考えるのは、筆者だけではあるまい。

　目の前の子供は社会全体で責任をもって育てるために、

「社会に開かれた教育課程」

があり、知識詰め込み点数主義からの脱却を図り、自律した学びのために、

「個別最適な学び」や「協働的な学び」

を打ち出し、そのような学びにより、

「学びに向かう力や人間性」を根幹とし、「知識及び技能」や「思考力、判断力、表現力等」

を身に付けるべき資質・能力として明確化したのである。

　このような資質・能力を育み、生涯にわたって能動的に学び続け自らの可能性を発揮し、よりよい社会と幸福な人生の創り手となれるように、この考え方自体の硬直化、固定化を招かぬよう、

マネジメント

しながら、創造する教育にしていかなければならない。

　そのためには、

既存を疑う。当たり前として提示されたものを批判的に見る

ことが、重要なのである。一方的な良し悪しではなく、公正、公平な立場から考え追究し理解する探究的な学びの意義を自覚したい。

　教師自身がこのような考え方や学びをせずして、子供に学習させることはできないだろう。「教え方を学ぶ」ことは養成段階からも行うが、自ら「学び方を学ぶ」ことは、自覚し意識し取り組まなければ、できない学びである。まして、教え続けられてきた教育ではなおさらのことである。「学び方を学ぶ」体験をしていない教師は、子供に学ぶとはどういうことかを学ばせることはできない。

　これからの加速度的に変化する社会において、柔軟に対応し自らの解決策によりたくましく生きていくことのできる、自律した子供を育むために、

> 「学びに向かう力や人間性」を根幹とし、「知識及び技能」や「思考力、判断力、表現力等」という資質・能力を身に付け、多方面と関わることで現実社会とのつながりを意識し考え活用できる

学びの創造が、教師としての大切な役割であると考える。

　そして、このような学びの実現に向けて、第5章でも触れた、「主体的・対話的で深い学び」をいかに実施していくのかは、重要な取組となる。特に、フレイレの言う、本来の「対話」とは、

> 人間同士の出会いであり、一方的に伝えたり、交換したり、ある人の言葉にいつも従ったり、発言者が聞く者を支配したりするための行為ではない

のである。

　また、

> 真実を知ろうとせずに、考えを押しつけ合うような行為でもない

のである。

　つまり、

> お互いの知恵を出し合い共有したり、時に批判的に議論したりしながら新たものを創り出していく協働的な学び（営み）が「対話」

なのである。

　授業における「対話」も、一人の自律した人間として生きていくために欠くことのできない力の基盤を創る。

　上述した、子供が物事を批判的に見て真実を追求し、追究できる、協働的に学び共によりよい考えを創り出す、根拠を基に自分で判断し行動できる自

律した人間へと成長するために、「省察」や実際の「行動」レベルをイメージした「対話」による学びの創造が、今後ますます重要になると考える。

　そのために、教師自らも対話の中で省察を通して協働的に学び、その過程における批判的思考により、様々な物の見方や考え方ができる力、新たな取組を創造できる力を培ってほしいと考える。

　教師を目指す学生、そして、教師の方へ、心からエールを送る。

おわりに

不確実社会を生きる子供の社会情動的能力を育てる教師の役割

川前あゆみ

　社会変動が激しく、現在ある職種も AI に置き換わる可能性が指摘される中で、子供たちは不確実で激動的な変化に適応しながら生きていかなければならない。変化が激しい中では、答えや方法は一つではなく、自律的・持続的に試行錯誤もしながら自ら課題解決の在り方を見出していかなければならない。また少子化や集団遊びの減少の中で子供同士の関係も希薄化し、自然発生的に培われてきた協働的な人間関係能力も失われてきている。このような社会変化の中では、学校教育においても改めて、自律的に思考・判断・行動していくこと、また仲間と協働的に課題に対応していく資質・能力を育成していくことが求められている。これらの自律性や協働性は、自然発生的に育つものではなく、意識的にそれらを育む機会を設定していかなければならない。

　この不確実な激動社会に対応していくために、本書では、学校教育において自律的・協働的な学びを創る必要性とそれを支援する教師の役割を捉えた。さらに自律的・協働的な学びは、学校教育だけではなく、保護者・地域社会との連携・協力による「社会に開かれた教育活動」の重要性も捉えた。

　とりわけ近年重要な課題となっている自律性や協働性などは、集団の中での感情や人間関係能力を構成する"社会情動的能力"と呼ばれるもので、学力テストでは測れない能力である。これらは点数でも表せないし、必ずしも自覚的に認知できるものでもないために、"非認知能力"と呼ばれるものである。点数で表すことはできないが、しかし極めて生きる上での重要な資質・能力である。この非認知能力は、あらゆる経験・場所や人間関係の中で総合的に培われるものである。そのため、学校・家庭・地域のあらゆる機会を通じて子供の自律的・協働的な学びを創ることによって、子供の長期的な発達と学校教育の充実を図ることができる。

　そして子供だけではなく、この激動社会の子供たちを教える教師自身も、変化し続ける子供たちを前にして、常に学び続けながら新しい課題に対応した教育活動を採り入れていく必要がある。そのためにも実践を深めながら省

200

察し、理論と結びつけながら普遍化していく、「理論と実践の往還」による教師の資質・能力を高めていくことが求められる。最初から実践がうまくできる教師はどこにもいないが、学び続け成長し続ける教師になるためには、省察を媒介にして、この「理論と実践の往還」を繰り返していくしかない。

　このような変化し続ける社会の中で自律的・協働的な学びを創ることが教師に求められるという問題意識から、本書では次の5点をキーワードとした。すなわち、1)「学び続ける教師の省察」＝不透明な中にあっても学び続け省察しながら成長し現代的課題に対応していくこと、2)「協働的な学習活動」＝「主体的・対話的で深い学び」を可能にするカリキュラムや能動的な学習を推進すること、3)「協働的学級経営力」＝協働的な学級集団を創る学級指導力やコミュニケーション力を育成すること、4)「地域学校運営」＝保護者・地域と協働して学校の教育活動を実践する「チームとしての学校」を推進すること、5)「共生社会を目指す多様な協働活動」＝多様な子供を含めた共生社会を推進し、SDGsを目指すこと、の5つのキーワードを基盤にして、現代社会の新しい教師の資質・能力と役割を捉えた。この5つのキーワードごとにⅠ〜Ⅴ部15章の各論にて、現代に新たに求められる教師の資質・能力を論じた。

　これらの教師の役割と資質・能力は、従来の学習指導力や学級経営力に加えて、不確実で現代的な社会に協働的に対応していくための新たな非認知能力が必要であると位置づけることができる。すなわち新たな課題に対して、自律的に思考しつつ、課題解決のための新たな社会的な価値を創造していき、さらに協働的な人間関係のつながりを媒介にして、いっそう自律的に行動していく力が求められていると言える。

　本書で目指してきた「自律的・協働的な学びを創る教師の役割」の5つの観点は学力テスト結果のような数値化はできないが、学び続ける教師の省察を基盤にし、自律的・協働的な学びや協働的学級経営を推進していく資質・能力である。さらに、保護者・地域との協働で育む地域学校運営を進めながら、共生社会と国連SDGsを目指すための多様な協働活動を推進できる資質・能力である。これら5つの観点はどれも点数で表すことはできず、また決して一人で孤立的に成し得るものでもない。どれも自分以外の誰かと補い合いながら、大勢の人たちとの協力的な関わり合いの中から生み出すプロセ

スを経て実現できるものである。この協働的な営みは教育活動のどの場面でも求められており、この点で、教師の新たな協働的な資質・能力はこれまで以上に向上させるように努めなければならないと言える。

　そして国際社会の中の動向で見れば、OECDが知識・技能を活用していく資質・能力としてのキーコンピテンシーを提起している。このキーコンピテンシーは、知識・技能だけでなく、自律性・協働性・意欲・コミュニケーション力・人間関係力など、あらゆる資質・能力を含んでいる。これらの資質・能力は目に見えるものではないが、あらゆる生きる力と学びと成長の基礎となる。

　2015年に国連サミットでは、SDGs（Sustainable Development Goals「持続可能な開発目標」）を採択し、貧困や飢餓の克服・ジェンダー平等・人や国の不平等の克服・食糧確保・健康と福祉・質の高い教育などの17の目標を掲げ、各国がそれを推進することとなった。戦争はこのSDGsの正反対の、人間と社会の破壊である。ESD・SDGs推進力は、「Think Globally, Act Locally.（地球レベルで考え、地域レベルで行動しよう）」という言葉に表されるように、教育界でも地域的課題解決・地域格差解消に取り組みつつも国際的な社会貢献に寄与するグローバルな発想を持った人材育成に寄与する学校教育の取組も求められている。当然教師もこれらの理念に基づいて学校教育を推進するとともに、将来のSDGsの担い手となる子供を育成していかなければならない。

　折しも新型コロナウイルス感染症（COVID-19）がもたらした世界的なパンデミックは、教育の在り方にも大きな教訓をもたらした。教師や子供が学校に登校することが当たり前の学校生活から、感染症を避けるために自宅に孤立的に留まりオンライン授業や非参集型の教育に転換せざるを得なくなった。そのため家庭環境が恵まれていない子供ほど取り残され、教育格差が拡大することとなった。このような中では改めて密接な人間関係を創りながら学習指導・学級経営をいかに施していくかが課題となった。オンライン授業は便利な道具として今後も導入していくことは必然的になってくる。だからこそ人と人とが直接触れ合うことによる教育効果も改めて見直していかなければならない。

　元々地域共同体の協働性が歴史的に存在していた日本では、協働性を媒介

にして社会が構成される側面が強かった。一方で自律的に行動することの重
要性も指摘されてきた。その上で改めて自律性と協働性の両方の重要性が指
摘されている。政策的にも個を伸ばすことと、協働的であることの両方が提
起されている。協働社会や共生社会の実現に向けた理念や政策が、日々の教
育活動の中で自律的・協働的な学びを丁寧に紡いでいき、具現化していく実
践が求められる。

　そしてこの日本の協働社会・共生社会を創る上でも、やはり教師や教員養
成大学に大きな期待がかかっている。最善の選択ができる思考力・判断力は、
やはり協働的な教育を通じてその価値を創造的に生成していけることを信じ
たい。

　これから教職を目指す人達には、「理論と実践の往還」の中で、教師とし
ての資質・能力を高めるために何が必要なのかを考え続けて頂きたい。そし
て教育の理想と使命感を持って、理論知と実践知から省察的に常に自分に問
い続ける教師を目指してほしい。そのことが、2030年までに誰一人取り残す
ことのない「質の高い教育をみんなに」などのSDGsが目指す全17の目標
の実現に寄与できることであると確信している。本書の教育理念を学ぶすべ
ての関係者が高い理想を抱き、何よりも教師として目の前にいる子供たちの
良き理解者になることを期待している。

　最後に本書を刊行するにあたり、学事出版株式会社の花岡萬之前社長様に
は特段のご配慮をいただき、ここに刊行することができた。記して心よりお
礼申し上げたい。

執筆者一覧 （肩書は本書刊行時現在、【 】内は執筆担当箇所）

糊澤　実 （北海道教育大学釧路校准教授）

　　　【はじめに、第3章、第4章、第5章、第6章、第8章、第9章、終章】

川前あゆみ （北海道教育大学釧路校教授・へき地小規模校教育研究センター副センター長）

　　　【第7章、第11章、第13章、おわりに】

玉井康之 （北海道教育大学釧路校教授・副学長）

　　　【第1章、第2章、第10章】

小野豪大 （北海道教育大学釧路校講師）

　　　【第14章、第15章】

境　智洋 （北海道教育大学釧路校教授）

　　　【第12章】

編者紹介

栩澤　実（くるみさわ・みのる）　北海道教育大学釧路校准教授

　北海道教育大学釧路校卒業、兵庫教育大学大学院修士課程を修了。北海道教育委員会指導主事・公立小学校教頭・地方教育委員会指導室長・市教育研究所所長・公立小学校長を経て現職。北海道教育大学へき地・小規模校教育研究センター委員。へき地・小規模校等の学級経営・学校経営、道徳教育、教師教育を専門にしている。著書には、『学級経営の基盤を創る5つの観点と15の方策』（共編著・学事出版）、『考える道徳を創る「私たちの道徳」教材別ワークシート集　1・2年編、3・4年編、5・6年編、中学校編』（共編著・明治図書）、『考える道徳を創る　小学校　新モラルジレンマ教材と授業展開』（共著・明治図書）、『教職教養講座　第6巻　道徳教育』（共著・協同出版）等がある。

川前あゆみ（かわまえ・あゆみ）　北海道教育大学釧路校教授・教育学博士

　北海道教育大学大学院・北海道大学大学院博士課程を修了。香川短期大学講師・北海道教育大学講師・准教授を経て現職。現在北海道教育大学へき地・小規模校教育研究センター副センター長。著書には、『へき地教育プログラムの研究』（単著・学事出版）、『豊かな心を育む　へき地・小規模校教育―少子化時代の学校の可能性』（共編著・学事出版）、『アラスカと北海道のへき地教育』（共編著・北樹出版）、『学級経営の基盤を創る5つの観点と15の方策』（共編著・学事出版）、『山村留学と子ども・学校・地域―自然がもたらす生きる力の育成』（共編著・高文堂出版）、『山村留学と学校・地域づくり』（共編著・高文堂出版）、『住民自治へのコミュニティネットワーク』（共編著・北樹出版）等がある。

自律的・協働的な学びを創る教師の役割

2022年5月11日　　初版第1刷発行

編著者　　**栩澤　実・川前あゆみ** ©

発行者　　**安部英行**

発行所　　**学事出版株式会社**

　　　　　〒101-0021 東京都千代田区外神田 2-2-3
　　　　　電話 03-3255-5471
　　　　　https://www.gakuji.co.jp

編集担当　花岡萬之
装　　丁　精文堂印刷デザイン室／内炭篤詞
印刷・製本　精文堂印刷株式会社

ISBN978-4-7619-2846-9　C3037

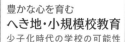